BWYD

MY FOOD

Cyhoeddwyd yn 2017 gan
Wasg Gomer, Llandysul, Ceredigion SA44 4JL
www.gomer.co.uk

ISBN 978-1-78562-232-8

Gyda chefnogaeth a chydweithrediad Cwmni Da.

Cyhoeddir gyda chymorth ariannol Cyngor Llyfrau Cymru.

Argraffwyd a rhwymwyd yng Nghymru gan
Wasg Gomer, Llandysul, Ceredigion.

* * *

Published in 2017 by
Gomer Press, Llandysul, Ceredigion SA44 4JL

ISBN 978-1-78562-232-8

With the support and co-operation of Cwmni Da.

The publishers wish to acknowledge the
financial support of the Welsh Books Council.

Printed and bound in Wales at
Gomer Press, Llandysul, Ceredigion

BECA LYNE-PIRKIS

CYFLWYNIAD

INTRODUCTION

Pan oeddwn i'n blentyn, roedd pob bore dydd Sadwrn yn golygu waffles i frecwast. Weithiau, byddwn i'n trio deffro'n gynt na'r arfer gan obeithio cael y waffles yn gynharach, ond doedd hynny byth yn gweithio – roeddwn i wastad yn gorfod aros tan fod Dad yn ddigon effro i'w coginio. Wedi iddo ddeffro, byddai Dad yn llenwi fy nghwpan dwy handlen gyda the llaethog a fy ngosod o flaen y teledu i ddisgwyl yn dawel tan fod gweddill y tŷ'n deffro ac yn barod am frecwast.

O'r diwedd, byddai Dad – yn dal yn hanner cysgu – yn tynnu'r prosesydd bwyd Magimix o'r cwpwrdd ac yn estyn am ei lyfr ryseitiau. Roedd dod o hyd i'r rysáit waffles yn hawdd iawn – dyma'r dudalen oedd wedi cael ei bodio fwyaf, gyda rhai darnau o'r gymysgedd waffles yn dal i lynu arni. Byddwn i'n eistedd ar ben cypyrddau'r gegin, mor agos at y peiriant â phosib a gwylio Dad yn bwrw ymlaen â'r gwaith. Pan oedd y gymysgedd yn barod i'w rhoi i un ochr, byddai'r peiriant waffles yn dod mas. O'r eiliad y byddai'r cytew yn mynd mewn i'r peiriant tan y foment y gwelwn y golau coch, dyma pryd y byddwn i'n gwneud yn siŵr bod y bwrdd wedi ei osod gyda phlatiau, cyllyll a ffyrc a'r cynhwysyn hollbwysig – y surop euraidd.

Mae cegaid gyntaf y waffles 'na, oedd yn fenyn i gyd, wedi'i serio ar fy nghof hyd heddiw. Pryd bynnag dwi'n gwneud waffles, neu'n gwylio Dad yn ail-greu'r ddefod foreol 'na gyda fy merched, dwi'n cael fy nghludo'n ôl ar fy mhen i'r gegin gyda Dad yn ferch fach 2 oed oedd mor chwilfrydig am fwyd.

Ond nid Dad oedd yr unig ysbrydoliaeth yn y gegin i fi. Wrth i fi a fy mrawd dyfu, byddai Mam yn coginio popeth gan gychwyn o ddim. Gallai baratoi'r swper mwyaf hyfryd o ba bynnag fwydydd oedd yn weddill yn y cypyrddau. Doedd y nesaf peth i ddim wast yn ei chegin, nodwedd etifeddodd hi'n sgil byw ar fferm – un mae hi bellach wedi ei phasio ymlaen i fi. Nawr, dwi'n ceisio pasio'r sgìl ymlaen i fy merched.

Mae'r ffordd 'hands-on' yma o ddysgu yn draddodiad teuluol. Chwaraeodd y ddwy fam-gu rôl fawr yn fy magwraeth i yng nghyd-destun bwyd. Roedd Mam-gu, mam fy mam, yn wraig fferm o Gaerfyrddin ac yn fenyw aruthrol. Gallwn wylio ei medrusrwydd gyda bara a thoes am oriau. Dysgodd Mam-gu i fi sut i blethu fy ngwallt trwy ddangos yn gyntaf sut i greu torth wedi ei phlethu. Unwaith, pan oeddwn i a fy mrawd yn aros gyda hi, fe ofynnodd i fi bobi rholiau i'w cael gyda'r cawl i swper. Fe wnaethon ni does gwenith cyflawn syml, ac wrth ddisgwyl iddo godi, fe benderfynon ni sut i'w ddylunio: byddai hanner y toes yn cael ei blethu, a'r hanner arall yn cael ei droi'n ddraenogod bach gyda llygaid rhesins. Dysgodd Mam-gu fi sut i gael hwyl gyda bwyd, hyd yn oed y bwydydd mwyaf ymarferol. Mae'r bwrdd crwn lle rhannodd Mam-gu ei holl gyfrinachau toes gyda fi yn fy ystafell fwyta i bellach ac yn dwyn llwyth o atgofion o bobi a choginio gyda hi.

Tra bod Mam-gu yn anhygoel gyda thoes a bara, Nan, mam fy nhad, oedd duwies y cacennau! Bellach yn ei 90au cynnar, mae hi'n dal i dreulio llawer o amser yn pobi a choginio, ac yn gwau'r eitemau mwyaf anhygoel a chymhleth. Am lej! Mae Nan yn byw yng Nghaerdydd, felly fe wnes i dreulio mwy o amser yn blentyn gyda hi o'i gymharu â Mam-gu. Roedd ganddi wastad dameidiau bach blasus wedi eu pobi pan oeddwn i'n mynd draw yno ar ôl ysgol – rock cakes, sgons a Victoria sponge hyfryd. Roedd Dydd Mawrth Crempog wastad yn sbesial yn nhŷ Nan. Byddai Nan yn disgwyl i fi a fy mrawd orffen ysgol er mwyn cychwyn ar ein sialens crempog 'fflipio a bwyta'!

Growing up, Saturday mornings always meant waffles for breakfast. Sometimes I tried waking earlier than usual in the hope of getting waffles even sooner, but it never worked – I always ended up waiting until my dad was awake enough to make them with me. When he finally emerged, he'd fill my double-handled sippy cup with milky tea and plop me down in front of the TV to keep quiet until the rest of the house was awake and ready for breakfast.

Eventually, Dad, still half-asleep in his brown dressing gown, would pull the Magimix food processor out of the cupboard and reach for his recipe book. The waffle page was easily located by its tattered, frequently thumbed edges, with bits of batter stuck to it. I would sit on the worktop, as close as I was allowed to the action, and watch while Dad went to work. When the batter was ready and put to one side, out came the waffle machine. I had from the time the waffle batter went into the machine until the moment the red light lit up on its side to set the table with plates, cutlery, and the all-important golden syrup.

That first mouthful of buttery, sticky goodness is forever ingrained in my memory as well as my taste buds. To this day whenever I make waffles, or watch Dad going through the same ritual of making them with my daughters, I'm instantly transported back to that other kitchen with Dad as a food-curious 2-year-old.

But my dad wasn't my only kitchen inspiration. When my brother and I were growing up, Mam made everything from scratch. She could make the most delicious suppers from whatever was left in the fridge or cupboard. There was hardly ever any waste in her kitchen, a trait my mam picked up from living on a farm, and one which she passed on to me. Right now, I'm trying to pass on this particular skill to my own daughters.

This sort of hands-on learning is something of a family tradition. Both my parents' mothers played a big part in my food-based upbringing as well. Mam-gu, my mam's mam, was a formidable woman, a farmer's wife from Carmarthenshire. Her skill with bread and pastry was mesmerising. She taught me how to plait hair by first teaching me to make a plaited bread loaf. Once, when my brother and I were staying with her, she asked me to help make bread rolls to go with the cawl we were having for supper. We made a simple wholemeal dough and, while it was left to prove, we decided on designs: half the rolls would be plaited, and the other half would be hedgehogs, with little raisins for eyes. Mam-gu taught me how to have fun with even the most practical of foods; the round table where she taught me all her dough secrets is in my dining room even now, and reminds me of many more memories of baking and cooking with her.

If Mam-gu was a whiz with pastry and bread, then Nan, my father's mother, was my goddess of cakes. In her early 90s now, she still spends a lot of time baking – and cooking meals, and knitting the most beautiful, intricate things. A living legend, she is. Nan lives in Cardiff, so I saw her more often, growing up, than Mam-gu. She always had fresh-baked treats waiting on my brother and me when we came over after school – rock cakes or scones or a nice Victoria sponge. Shrove Tuesday was always special at Nan's house; she eagerly awaited the end of the school day, when my brother and I would arrive and the pancake toss-and-eat challenge could commence.

Roedd Nan yn wych gyda'r pethau sylfaenol – diolch iddi hi, fydda i byth angen ysgrifennu rysáit sbwng ar bapur. Ond fyddai Nan byth yn troi ei chefn ar sialens chwaith. Yn aml, byddai'n fy helpu i wneud trîts 'Croeso Adref' i fy rhieni pan fydden nhw'n dychwelyd o fod yn gweithio bant; yn aml, pethau neis, diffwdan. Ond unwaith, fe benderfynes i ein bod am wneud profiteroles gyda saws menyn caramel. Doedd yr un o'r ddwy ohonon ni wedi gwneud y fath beth o'r blaen, felly fe ddysgon ni sut i wneud toes choux gyda'n gilydd.

Dwi'n teimlo'n ffodus iawn i gael teulu yma yng Nghymru a draw dros y môr yn America. Dwi'n dal i gofio'r gwyliau cyntaf wrth i fi gwrdd â'r teulu yn Missouri. Roedd pob aduniad teuluol yn cynnwys bwyd a digonedd ohono! Byddwn yn clywed fy Anti Irene yn codi ben bore i hwylio'r brecwast, a byddwn i yno ar fy union fel cysgod iddi hi. Fy hoff bryd mae'n siŵr oedd y brecwast, yn enwedig y caserol wy wedi ei weini gyda bisgedi brecwast a grefi gwledig – bwyd cysurlon go iawn.

Yn aml adeg brecwast byddai aelod arall o'r teulu'n bresennol, sef fy nghefnder Jack, fyddai mas yn yr iard gefn o tua 7am yn paratoi'r barbeciw a'r mygwr yn barod at swper. Dyma fy nghyflwyno i'r ffordd Americanaidd o goginio barbeciw a bwyd wedi ei fygu. Ac wrth gwrs, ni fyddai'r un barbeciw yn gyflawn heb yr holl brydau bach blasus fyddai Anti Irene wedi bod yn eu paratoi i gyd-fynd â'r cig, gan gynnwys caserol ffa gwyrdd, ffa pob a phorc a salad tatws hawdd ond blasus.

Mae fy nheulu wastad wedi annog fy nghariad at fwyd a fy hoffter o arbrofi yn y gegin. Doedd pob arbrawf ddim yn llwyddiannus, cofiwch. Dwi'n cofio cyflwyno swper roeddwn i wedi ei goginio ar y mhen fy hun i Mam: Quiche Lorraine gyda chrwst jig-so a'r llenwad bacwn wedi llosgi! Dim y llwyddiant roeddwn i wedi'i obeithio. Ond un peth mae Mam a Dad wedi'i ddysgu i fi yw i beidio rhoi'r gorau iddi pan aiff pethau o chwith, hyd yn oed os byddwch chi wedi digalonni i gychwyn. Dyfal donc!

Fel y gwelwch chi, mae'r llyfr yma yn llawer mwy na chasgliad o ryseitiau – mae'n llyfr lloffion llawn teulu a ffrindiau, achlysuron arbennig ac ambell foment o fyfyrdod. Mae bwyd wastad wedi bod yn rhywbeth hudolus i mi. Mae'n fy ysbrydoli, yn fy ngwneud yn chwilfrydig ac yn pwysleisio rhai o uchafbwyntiau fy mywyd hyd yn hyn. Pan adewais y *Great British Bake Off* yn 2013 gan fethu sicrhau lle yn y ffeinal, roeddwn i'n siomedig, ond mae'r siwrne ers hynny wedi newid cwrs fy mywyd er gwell. Dwi'n hynod o falch ei bod wedi fy arwain i fan hyn, i rannu'r ryseitiau hyfryd yma gyda chi, yn frecwast a brecinio; cinio a swper; gwahanol fathau o does, ac wrth gwrs, digonedd o ddanteithion blasus. Dwi'n gobeithio y bydd y llyfr yma'n eich ysbrydoli, a phwy a ŵyr, falle y ffeindiwch ffefryn newydd gan y teulu cyfan fydd yn rhoi gwên ar eich wyneb am byth.

Nan was excellent with the basics – she's the reason I never need to write down a sponge recipe – but she also never backed away from a challenge. She often helped me make welcome-home treats for my parents when they returned from working away – usually classic, uncomplicated bakes like butterfly cakes. Once, I'd decided that we were going to make profiteroles with a butterscotch sauce. Neither of us had ever made such a thing before, and instead of trying to persuade me to make something simpler, Nan accepted the challenge and we learnt together how to make choux pastry.

Visiting with family also meant crossing the pond and spending many summer holidays with my American family. I still remember that first holiday to meet my cousins in Missouri. Every social gathering included food – and plenty of it! I would hear my Aunt wake in the morning to go downstairs before anyone else to fix breakfast, and I would be right by her side. My favourite meal was probably breakfast, especially egg casserole served with warm buttered biscuits and country gravy – proper comfort food.

Often at breakfast there would be another member of the family present, mainly my cousin Jack who would be out in the backyard from about 7am, getting the smoker and BBQ ready for supper – this being my introduction to the American way with the BBQ and smoker. And of course, no BBQ would be complete without a number of side dishes effortlessly whipped up by Aunt Irene, including green bean casserole, potato salad and pork and beans.

My family has always encouraged my love of food and fondness for kitchen experimentation. Not that it has always gone quite to plan! I recall once greeting my mother with a dinner I had cooked all on my own: a Quiche Lorraine with patchwork pastry and charred (burnt!) bacon filling. It wasn't the resounding success I had hoped for, but one thing my family has instilled in me is that, even if things don't quite go to plan, you must never give up when things go wrong – learn from the experience and try again.

As you can see, this book is more than a collection of recipes – it's a scrapbook of family and friends, special occasions and reflective moments. Food has always held me spellbound. It inspires me, intrigues me, and highlights some of the best moments of my life. When I left the *Great British Bake Off* in 2013 as a semi-finalist, having just missed out on a place in the final three, I was disappointed and upset, but the journey since then has been lifechanging in the best of ways.

From a deliciously simple white loaf to my legendary macarons, you'll find a bit of everything here. Breakfasts and brunches, suppers and lunches, a variety of doughs, and of course plenty of sweet treats! I hope this book inspires you, and who knows – you may find a new family favourite and a food memory that will forever make you smile.

RYSEITIAU

DIODYDD A THAMEIDIAU BACH BLASUS

BWYDO'R DORF

LLE I BWDIN?

RYSEITIAU CRWST

RECIPES

THE BAKEHOUSE

BRUNCH

COFFEE MORNING

LUNCH AND PICNIC

FEEDING TIME AT THE ZOO

GIRLS' NIGHT IN

DRINKS AND NIBBLES

FEEDING THE CROWD

ROOM FOR PUDDING?

PASTRY BASICS

Y
BECWS

Mae'n rhaid ei fod yn beth therapiwtig iawn, oherwydd
fe fyddwn i'n hapus yn sefyll yn y gegin yn gwneud bara
trwy'r dydd. O fara soda i roliau sinamon sticlyd, mae 'na
rysáit toes at ddant pawb. Mae gan rai o'r rhain bartneriaid
perffaith mewn pennod arall, edrychwch am rif y dudalen o
fewn y ryseitiau.

THE BAKEHOUSE

It must be a therapeutic thing, because I will happily stand in the kitchen making bread all day. From no-prove soda bread to sticky cinnamon buns, there's a dough recipe to suit all your tastes and moods. Some of the recipes also have a perfect partner in many of the following chapters, just look for the page references in the recipes.

BARA GWYN BECA
BECA'S WHITE BREAD

Mae'r dorth wen yn un o'r pethau symlaf ond mwyaf pleserus allwch chi eu pobi. Mae'r arogl yn anhygoel a'r sleisen gyntaf – yn enwedig y crwst wedi ei orchuddio gyda menyn go iawn – yw fy syniad i o nefoedd.

The humble white loaf is one of the simplest yet most satisfying things you can bake. The smell as it bakes is intoxicating and that first slice – especially the crust, buttered with proper butter – is my idea of heaven.

Digon i 1 dorth   *Makes 1 loaf*

CYNHWYSION   INGREDIENTS

Blawd gwyn cryf	**500g**	Strong white flour
Halen	**10g**	Salt
Burum sych	**7g**	Fast action yeast
Dŵr tap	**340ml**	Tap water

1. Yn gyntaf mesurwch y blawd mewn powlen gymysgu.
2. Ychwanegwch halen a burum sych cyn ychwanegu'r dŵr a'i gymysgu'n dda.
3. Dewch â'r toes at ei gilydd yn un lwmp mawr yn y bowlen cyn ei ddodi ar y bwrdd. Yn bersonol, fydda i byth yn rhoi blawd ar wyneb y bwrdd wrth baratoi toes bara ond dwi'n defnyddio digon o fôn braich!
4. Gweithiwch y toes am tua 10 munud tan fod ansawdd allanol y toes yn llyfn ac fel elastig. Un ffordd o wybod bod y toes yn barod yw rhoi'ch bys ynddo er mwyn gweld a yw'r toes yn bownsio'n ôl lan.
5. Rhowch y toes yn ôl yn y bowlen gymysgu ac yna gorchuddiwch gyda cling film neu liain sychu llestri a gadewch iddo godi mewn tymheredd ystafell arferol am tua awr neu tan fod y toes wedi dyblu mewn maint.
6. Irwch dun pobi gyda menyn, yna ysgeintiwch ychydig o flawd ar y bwrdd cyn crafu'r toes mas o'r bowlen.
7. Gweithiwch y toes am funud bach cyn ei siapio a'i roi yn y tun. Mae angen i'r bara godi eto am 45 munud. Cofiwch ei orchuddio gyda cling film neu liain llestri. Nawr mae'n barod i fynd i mewn i'r ffwrn am 30 munud. Pobwch ar dymheredd o 220˚C / Ffan 200˚C / Nwy 7.
8. Unwaith mae'n barod – cofiwch fod yn amyneddgar ac aros i'r dorth oeri cyn ei thorri a'i blasu!

1. First things first – measure the flour into a mixing bowl.
2. Add salt and dry yeast before adding water and mix it all well.
3. Scrape all the dough into one big lump in the bowl, then pour it all out onto the table. Personally, I never scatter any flour on the surface when prepping bread dough – I basically use as much elbow grease as possible!
4. Work the dough for around 10 minutes until the external texture is smooth and elasticated. If you're not sure if you've worked the dough enough, just poke your finger in it and if it springs back up then you're probably there.
5. Next, you need to place the dough back into the mixing bowl, then cover it with some cling film or a dish cloth and leave at room temperature for around an hour or until the dough has doubled in size.
6. Grease your baking tin with butter, then sprinkle some flour on the table before scraping the dough out of the mixing bowl.
7. Work your dough for a few minutes and shape ready for the tin. The bread needs to prove and rise again for another 45 minutes. Remember to cover it again as you did last time, then it's ready to go into the oven for 30 minutes. Bake on a temperature of 220˚C / Fan 200˚C / Gas mark 7 for 30 minutes.
8. Once ready – remember to be patient and wait for it to cool down before cutting into it and tasting!

SGONS OREN A CARWE
ORANGE AND CARAWAY SCONES

Dwi'n ffan mawr o sgons ar gyfer te prynhawn, felly fe greais y rysáit yma ar gyfer te parti Ficdoraidd yn Llandudno. Mae blas y carwe a'r saffrwm yn gynnil ond yn gweithio'n berffaith gyda'r croen a'r ceuled oren. Trît te prynhawn go iawn.

I'm a big fan of scones afternoon tea, and so I created this particular scone recipe for a Victorian tea party I hosted in Llandudno. The caraway and saffron flavours are subtle but work perfectly with the orange zest and the orange curd. A proper afternoon tea treat.

Digon i 12–14 sgon   *Makes 12–14 scones*

CYNHWYSION   INGREDIENTS

Blawd plaen	**400g**	Plain flour
Menyn heb ei halltu, yn oer mewn ciwbiau	**75g**	Unsalted butter, cold and cubed
Llwy fwrdd o siwgwr mân	**4**	Tablespoons of caster sugar
Pinsied o halen		A good pinch of salt
Powdwr pobi	**25g**	Baking powder
Llaeth enwyn	**165ml**	Buttermilk
Wyau ac 1 ychwanegol ar gyfer y sglein	**2**	Eggs, plus 1 extra for glazing
Llwy fwrdd o hadau carwe wedi'u tostio a'u malu'n fân	**1**	Tablespoon of caraway seeds, lightly toasted then ground
Croen oren	**2**	Zest of oranges
Pinsied o saffrwm		Good pinch of saffron

CYNHWYSION Y CEULED   CURD INGREDIENTS

Siwgwr	**80g**	Sugar
Menyn heb ei halltu	**80g**	Unsalted butter
Wyau mawr	**3**	Large eggs
Sudd oren (tua 2–3 oren)	**125ml**	Orange juice (around 2–3 oranges)

1. Twymwch y ffwrn i 200°C / Ffan 180°C / Nwy 6 a leiniwch 1–2 hambwrdd pobi gyda phapur gwrthsaim.

2. I wneud y sgons, rhowch y blawd mewn powlen fawr a rhwbiwch y menyn i mewn tan fod y gymysgedd yn edrych fel briwsion bara. Ychwanegwch y siwgwr, y powdwr pobi, yr hadau carwe wedi malu'n fân a'r croen oren a chymysgwch yn dda.

3. Ychwanegwch y saffrwm i'r llaeth enwyn, craciwch yr wyau i mewn a chymysgu'n dda cyn eu hychwanegu i'r cynhwysion sych. Dewch â phopeth at ei gilydd i ffurfio pelen o does cyn ei ddodi ar fwrdd gydag ychydig o flawd arno.

4. Tylinwch am funud i ffurfio pelen o does esmwyth a'i adael i orffwys yn y bowlen neu ar y bwrdd am 20–30 munud.

5. Ar ôl i'r toes orffwys, rhowch ychydig o flawd ar y bwrdd a'r rholbren a rholiwch y toes i drwch o tua 3cm. Torrwch y sgons gyda thorrwr cylch. Dwi'n defnyddio un maint 4cm o ddiamedr. Gosodwch y sgons ar yr hambyrddau pobi a'u gorchuddio gyda lliain. Gadewch i orffwys am 15 munud arall.

1. Preheat the oven to 200°C / Fan 180°C / Gas mark 6 and line 1–2 baking sheets with greaseproof paper.

2. To make the scones, place the flour into a large bowl and rub in the butter until it resembles large breadcrumbs. Add the sugar, baking powder, ground caraway seeds and orange zest and mix well until evenly distributed.

3. Add the saffron to the buttermilk, crack in the eggs and give the mixture a good mix before adding to the dry ingredients. Using a regular butter knife, bring the dough together to form a ball before tipping out onto a lightly floured surface.

4. Knead for a moment to bring the dough into a smooth ball, then leave to rest either in the bowl or on the work surface for 20–30 minutes.

5. After the dough has rested, lightly dust the work surface and a rolling pin and roll out the dough to around 3cm in thickness. Cut the scones out using a round cutter, I use one that is around 4cm in diameter. Place the scones onto the prepared baking sheets, cover with a tea towel and leave to rest for a further 15 minutes.

6. Curwch yr wyau gyda phinsied o halen a rhowch ychydig ar dop y sgons. Peidiwch â gadael i'r gymysgedd ddiferu i lawr yr ochrau. Ailadroddwch y broses gyda phob sgon cyn eu pobi am tua 15–18 munud, neu tan fod y sgons wedi codi ac yn euraidd eu lliw. Gadewch i oeri cyn eu bwyta. Mae'n well eu bwyta ar y diwrnod neu gellir eu storio mewn bocs wedi'i selio mewn man tywyll oer a'u bwyta o fewn tridiau.

7. Ar gyfer y ceuled oren, rhowch bowlen wydr dros sosban o ddŵr berwedig. Toddwch y menyn cyn ychwanegu'r holl gynhwysion eraill a'u curo tan eu bod yn drwchus. Tynnwch oddi ar y gwres a'i adael i oeri cyn ei orchuddio â cling film a'i roi yn yr oergell.

8. I'w gweini gyda'r ceuled oren a hufen ceuledig – gallwch eu rhannu neu beidio.

6. Whisk the egg and glaze the scones, making sure not to let the egg drip down the sides of the scones. Repeat the glazing and then bake in the oven for around 15–18 minutes, until the scones have risen and golden. Leave to cool a little before eating. Best eaten on the day they're made, but can be stored in an airtight container, in a cool dark place and eaten within 3 days.

7. For the orange curd, place a glass bowl over a saucepan of boiling water. Melt the butter before adding all the other ingredients and whisk until thick. Remove from the heat and cool before covering with cling film and placing in the fridge to set further.

8. Serve the scones with the curd and some clotted cream – sharing is optional.

RHOLIAU CŴN POETH
HOT DOG ROLLS

Mae'r rholiau cŵn poeth yma yn epig ac yn bartner perffaith i'r Brats wedi'u barbeciwio sydd ar dudalen 96. Maen nhw'n bendant werth yr ymdrech ac fe fyddan nhw'n creu argraff ar bawb mewn unrhyw farbeciw.

These hot dog rolls are rather epic and are the perfect partner to the Beer BBQ'd Brats recipe on page 96. They're definitely worth the extra effort of making them and will impress all at any BBQ.

Digon i 12–14   *Makes 12–14*

CYNHWYSION / INGREDIENTS

Blawd gwyn cryf	**500g**	Strong white flour
Llaeth cyflawn twym	**250ml**	Whole milk, warm
Burum sych	**10g**	Fast action yeast
Halen ac ychydig wrth gefn i'r winwns	**10g**	Salt, plus additional for onions
Menyn ac ychydig wrth gefn i'r winwns	**60g**	Butter, plus additional for onions
Siwgwr mân ac ychydig wrth gefn i'r winwns	**40g**	Caster sugar, plus additional for onions
Wyau	**2**	Eggs
Winwnsyn canolig ei faint	**1**	Medium onion
Llwy de o hadau nigella	**2**	Teaspoons of nigella seeds
Llwy de o hadau sesame	**1½**	Teaspoons of sesame seeds

I ADDURNO / TO DECORATE

Wy	**1**	Egg
Hadau nigella a sesame ychwanegol		Additional nigella and sesame seeds

1. Torrwch y winwns yn fân a'u ffrio dros wres isel gyda chnepyn o fenyn, pinsied o halen a llwy de o siwgwr tan eu bod yn feddal ac yn felys, tua 10 munud. Peidiwch â chael eich temtio i ruthro'r broses neu gallech losgi'r winwns. Gadewch i oeri.

2. Ar gyfer y toes, rhowch y blawd, yr halen a'r burum mewn powlen gymysgu fawr a rhwbiwch y menyn i mewn.

3. Ychwanegwch y siwgwr, y winwns a'r hadau nigella a sesame a chymysgu'n dda. Cymysgwch yr wyau a'r llaeth tan ddaw popeth at ei gilydd cyn ei ddodi ar fwrdd. Tylinwch y toes am 8–10 munud tan ei fod yn esmwyth ac elastig. Bydd y toes yn sticlyd, ond parhewch i'w weithio tan ei fod yn esmwyth. Rhowch y toes yn ôl i mewn i'r bowlen, gorchuddiwch a'i adael i godi tan ei fod wedi dyblu mewn maint, tua 2 awr.

4. Irwch hambwrdd pobi mawr a'i roi i'r naill ochr. Unwaith mae'r toes wedi dyblu mewn maint, dodwch ar fwrdd wedi ei orchuddio gydag ychydig o flawd a'i dorri yn 12 darn hafal. Gallwch bwyso'r toes gyntaf, yna'i rannu a phwyso pob darn fel eu bod nhw'n union yr un maint.

5. Ffurfiwch bob darn yn siâp bys ar hambwrdd pobi. Gwnewch yn siŵr bod lle rhwng pob un, ond eu bod yn ddigon agos i gyffwrdd unwaith maen nhw wedi codi a chael eu pobi fel y gallwch eu rhwygo wedyn. Unwaith maen nhw wedi cael eu siapio, gorchuddiwch gyda lliain a'u gadael i godi am 45 munud arall.

1. Finely chop the onion and fry over a low heat with a knob of butter, a pinch of salt and a teaspoon of sugar until soft and sweet, around 10 minutes. Don't be tempted to rush as you may burn the onions. Leave to cool.

2. For the dough, put the flour, salt and yeast in a large mixing bowl and rub in the butter.

3. Add the sugar, onions, nigella and sesame seeds and mix until evenly distributed. Mix in the egg and milk until the mixture comes together and tip out onto the work surface. Knead for 8–10 minutes until smooth and elastic. The dough is sticky, but persevere as it will become smooth. Put the dough back into the bowl, cover and leave to prove until doubled in size, around 2 hours.

4. Grease a large baking tray and set to one side. Once the dough has doubled, tip it out onto a lightly floured work surface and divide it equally into 12 pieces. You may wish to weigh the dough first then divide and weigh out each piece so that they're exactly the same size.

5. Shape each piece into a finger bun shape and place in the baking tray, making sure that there's a space between each bun, but that they are close enough to touch once they've proved and baked so that you can tear them apart afterwards. Once shaped, cover with a tea towel and leave to prove for a further 45 minutes.

6. Twymwch y ffwrn i 200°C / Ffan 180°C / Nwy 6. Chwipiwch wy a gorchuddiwch bennau'r rholiau gyda'r gymysgedd. Ysgeintiwch fwy o'r hadau ar eu pennau cyn eu pobi am 15–18 munud. Tynnwch o'r tun a'u gadael i oeri cyn mynd ati i'w gwahanu. Storiwch mewn tun a'u bwyta o fewn 2–3 diwrnod neu gallwch eu rhewi am hyd at fis.

6. Preheat the oven to 200°C / Fan 180°C / Gas mark 6. Whisk an egg and glaze the rolls once they've proved and sprinkle some extra seeds on top before baking in the oven for 15–18 minutes. Remove from the tin and leave to cool whilst the rolls are still attached to each other. Separate once cooled completely. Store in a tin and eat within 2–3 days or freeze for up to 1 month.

BARA GWASTAD
FLATBREAD

Bara sydyn a syml i'w wneud sy'n gweddu'n berffaith gyda'r dips ar dudalen 152 neu gyda'r Cyrri Cig Oen sydd ar dudalen 170. Weithiau y pethau symlaf yw'r gorau os 'chi moyn rhywbeth blasus i'w sglaffio!

A quick and easy bread that goes perfectly with my trio of dips on page 152 or with my Lamb Curry on page 170. Simplicity is often the best when you're in need of something scrummy to scoff!

Digon i 8   *Makes 8*

CYNHWYSION   INGREDIENTS

Blawd bara gwyn cryf	**350g**	Strong white bread flour
Pinsied o halen	**8g**	Salt
Dŵr	**250ml**	Water

1. Cymysgwch y blawd a'r halen mewn powlen fawr. Ychwanegwch y dŵr gan dynnu'r toes at ei gilydd gyda'ch dwylo i greu pelen.
2. Tylinwch y toes tan ei fod yn llyfn ac yna rhowch yn ôl yn y bowlen, ei orchuddio gyda lliain a'i adael am 20 munud.
3. Twymwch faen neu badell ffrio fawr ar wres canolig. Rhannwch y toes yn beli bach maint satswma. Gwnewch yn siŵr bod y toes wedi ei orchuddio pan nad ydych chi'n ei ddefnyddio.
4. Rholiwch y toes yn gylchoedd a'u coginio ar badell ffrio sych tan eu bod yn euraidd ar bob ochr.
5. Cadwch nhw'n dwym o dan liain tan eich bod chi'n barod i'w bwyta a'u gweini gyda dips.

1. Mix the flour and salt in a large bowl and add water, bringing the dough together to form a ball with your hand.
2. Tip out onto the work surface and knead a little until smooth, place back in the bowl and cover with a tea towel to rest for 20 minutes.
3. Heat a bakestone – a large frying pan will do the same job – over a medium heat. Divide the dough into balls the size of a satsuma. Keep the dough covered when not using.
4. Roll out the dough into rounds and cook on a dry frying pan until golden brown on both sides.
5. Keep warm under a tea towel and serve with some dips.

BARA PITA
PITA BREADS

Mae'r rysáit yma yn debyg iawn i fy nhorth wen. Dwi wedi ychwanegu olew olewydd i'r rysáit yma er mwyn rhoi mwy o flas iddo. Mae'r bara yma'n berffaith gyda'r Koftas Cig Oen sydd ar dudalen 118 neu fy Sgiwyrs Cyw Iâr ar dudalen 122.

This recipe is very similar to my white loaf recipe. I've added some olive oil to this recipe in order to give more flavour in the finished bake. These pita breads are delicious served with my Lamb Koftas on page 118 or my Chicken Skewers on page 122.

Digon i 10   *Makes 10*

CYNHWYSION   INGREDIENTS

Blawd bara gwyn cryf	**500g**	Strong white bread flour
Burum sych	**7g**	Fast action yeast
Halen	**10g**	Salt
Dŵr twym	**300ml**	Warm water
Llwy fwrdd o olew olewydd	**2**	Tablespoons of olive oil

1. Rhowch y blawd mewn powlen fawr ac ychwanegwch y burum a'r halen ar ochrau gwahanol i'r bowlen ac yna trowch gyda'ch llaw i'w cyfuno.
2. Ychwanegwch ddŵr twym ac olew i ddod â'r gymysgedd at ei gilydd yn belen o does.
3. Dodwch y toes ar fwrdd a'i dylino tan ei fod yn esmwyth ac yn elastig, tua 5–8 munud.
4. Rhowch y toes yn ôl mewn powlen, gorchuddiwch a'i adael i ddyblu mewn maint am o leiaf awr.
5. Wedyn, gorchuddiwch eich bwrdd gydag ychydig o flawd a dodwch y toes arno, ei weithio a'i rannu'n 8 darn. Rholiwch y toes yn gylchoedd neu'n siapiau hirgrwn fflat tua 1cm o drwch.
6. Gallwch goginio'r pitas ar badell dwym neu ar yr hob neu mewn ffwrn dwym. Mae'r pitas wedi coginio pan maen nhw'n frown euraidd ac wedi chwyddo. Unwaith maen nhw wedi coginio, cadwch nhw'n dwym o dan liain llaith – mae hyn yn cadw'r pitas yn feddal.

1. Place the strong white bread flour in a large bowl and add yeast and salt on opposite sides, then stir with your hand to combine.
2. Add water and oil and bring the mixture to a ball of dough.
3. Tip out onto the worktop and knead until smooth and elastic, around 5–8 minutes.
4. Place the dough back into a bowl, cover and leave to double in size for at least one hour.
5. After this time, lightly dust the worktop with some flour and tip out the dough, knock it back then divide into 8 pieces. Roll out the dough into rounds or ovals around 1cm thick.
6. You can cook the pitas either on a hot pan on the hob, or in a hot oven. The pitas are cooked when they're golden brown and inflated. Once cooked, keep warm in a slightly damp tea towel – this will keep the pitas soft.

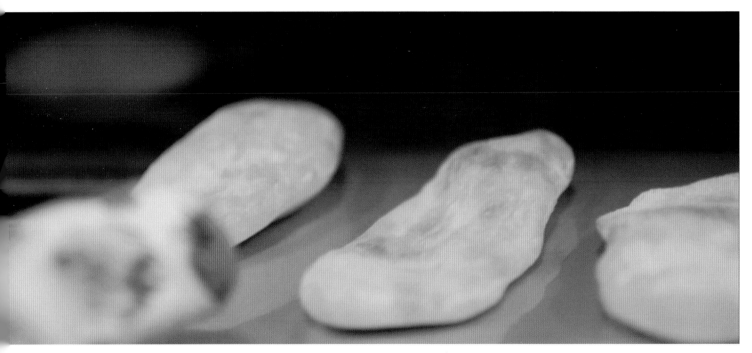

BARA MWNCI
GARLIC AND HERB MONKEY BREAD

Yn draddodiadol, mae Bara Mwnci yn felys gyda menyn sinamon sticlyd. Gan fod strwythur y bara yn ei wneud e'n hawdd i'w rannu, dwi'n meddwl ei fod yn gweithio'n berffaith fel bara garlleg sy'n llawn perlysiau, y gallwch ei osod ar ganol bwrdd i bawb ei fwynhau.

Traditionally, Monkey Bread is sweet and is usually flavoured with a sticky sweet cinnamon butter. As the structure of the bread lends itself to being a sharing bread, I think it works perfectly as a herby garlic bread, that can be placed in the middle of the table and tucked into by all.

Digon i 1 dorth   *Makes 1 loaf*

CYNHWYSION / INGREDIENTS

Blawd bara gwyn cryf	**500g**	Strong white bread flour
Burum sych	**7g**	Fast action yeast
Halen	**10g**	Salt
Dŵr	**330ml**	Water
Bylb garlleg	**1**	Bulb of garlic
Olew olewydd		Olive oil
Bwnsied bach o berlysiau ffres: persli, rhosmari, syfi		Small bunch of fresh herbs: parsley, rosemary, chives

1. I wneud y toes, rhowch y blawd mewn powlen fawr gyda burum a halen ar ochrau gwahanol i'r bowlen. Ychwanegwch ddŵr gan ddod â'r toes at ei gilydd. Dodwch y toes ar fwrdd a'i dylino tan ei fod yn esmwyth ac elastig, tua 8–10 munud.

2. Siapiwch y toes yn belen, a'i osod mewn powlen i godi tan ei fod wedi dyblu mewn maint, o leiaf 1 awr.

3. Twymwch y ffwrn i 200°C / Ffan 180°C / Nwy 6. Torrwch dop bylb garlleg, rhwbiwch ychydig o olew olewydd arno a'i rostio yn y ffwrn am 20–30 munud. Irwch dun bundt gydag olew olewydd a'i roi i'r naill ochr.

4. Torrwch ychydig o bersli, rhosmari a syfi'n fân a'u gosod mewn powlenni ar wahân. Unwaith mae'r garlleg wedi coginio, gwasgwch bob ewin mas a'u malu'n barod i'w hymgorffori yn y toes.

5. Unwaith mae'r toes wedi dyblu mewn maint, dodwch e ar fwrdd wedi ei orchuddio gydag ychydig o flawd. Tylinwch y garlleg i mewn i'r toes cyn ei dorri gyda chyllell finiog yn beli bach maint ping-pong.

6. Gorchuddiwch y toes gydag ychydig o olew olewydd cyn rowlio'r perlysiau i mewn. Gadewch rai o'r peli heb unrhyw berlysiau arnyn nhw gan fod hyn yn gwneud i'r bara edrych yn bertach.

7. Rhowch y darnau toes yn y tun bundt, gan osod y toes gyda pherlysiau a'r rhai hebddynt bob yn ail. Dyw'r bara ddim i fod i edrych yn deidi.

8. Pobwch am tua 30 munud tan ei fod yn euraidd.

9. Gadewch i oeri yn y tun am 5–10 munud cyn ei droi ar blât a'i weini'n dwym.

1. To make the dough, place strong white bread flour into a large bowl along with yeast and salt on opposite sides of the bowl. Add water and bring the mixture together using a dough scraper then tip the dough out onto a work surface. Knead the dough until smooth and elastic, around 8–10 minutes.

2. Shape the dough into a ball and place in a bowl to prove until doubled in size, at least 1 hour.

3. Meanwhile, preheat the oven to 200°C / Fan 180°C / Gas mark 6. Chop the top off a garlic bulb, rub some olive oil onto the garlic and roast in the oven for 20–30 minutes. Grease a bundt tin with olive oil and set to one side.

4. Finely chop some parsley, rosemary and chives and place them into separate bowls. Once the garlic is cooked, squeeze out the cloves and roughly chop them ready to be incorporated into the dough.

5. Once the dough has doubled in size, tip it out onto a lightly floured surface. Knead the garlic into the dough then roughly cut the dough using a sharp knife into ping-pong ball size pieces.

6. Coat the dough in a little olive oil then roll in the herbs. Keep some of the pieces of dough without herbs on as it will make the finished loaf look prettier.

7. Put the dough pieces into the greased bundt tin, alternating between the pieces of dough that have different herbs and the plain dough pieces. The bread is meant to look haphazard and not at all tidy.

8. Bake for around 30 minutes in a preheated oven until golden brown.

9. Leave to cool in the tin for 5–10 minutes before upturning onto a plate. Serve warm.

RHOLIAU SINAMON
CINNAMON BUNS

Mae arogl sinamon yn fy atgoffa o'r Nadolig a fy nheulu Americanaidd. Gwnewch y rholiau yma ar gyfer brecwast arbennig dros y penwythnos neu fel tamaid bach moethus unrhyw adeg o'r dydd.

The smell of cinnamon reminds me of Christmas and my American family. Make these buns as a special weekend breakfast or a sticky treat, perfect any time of the day. They are scrumptious.

Digon i 12–15 o roliau   *Makes 12–15 buns*

CYNHWYSION — INGREDIENTS

Blawd bara cryf	500g	Strong bread flour
Burum sych	10g	Fast action yeast
Halen	10g	Salt
Llaeth cyflawn	250ml	Whole milk
Siwgwr	65g	Sugar
Menyn heb ei halltu	85g	Unsalted butter
Wy	1	Egg

LLENWAD AC EISIN — ICING AND FILLING

Llwy de orlawn o sinamon	2	Heaped teaspoon of cinnamon
Siwgwr brown golau	150g	Light brown sugar
Menyn meddal heb ei halltu	100g	Unsalted butter, soft
Siwgwr eisin	250g	Icing sugar

1. Rhowch y blawd a'r halen mewn powlen fawr a rhwbiwch y menyn i mewn. Ychwanegwch y siwgwr a'r burum a'i gymysgu'n dda. Ychwanegwch y llaeth a'r wyau.

2. Ffurfiwch belen o'r gymysgedd a'i ddodi ar fwrdd. Tylinwch y toes tan ei fod yn esmwyth. Fe wnaiff hyn gymryd tua 10 munud.

3. Rhowch y toes yn ôl yn y bowlen a'i adael i orffwys ar dymheredd yr ystafell wedi ei orchuddio gyda lliain tan ei fod wedi dyblu mewn maint. Gadewch am o leiaf awr.

4. Tra mae'r toes yn codi, paratowch hambwrdd pobi mawr trwy ei iro gyda menyn. Unwaith mae'r toes wedi dyblu mewn maint, tynnwch mas o'r bowlen a'i ddodi ar fwrdd wedi ei orchuddio gydag ychydig o flawd. Gan ddefnyddio eich dwylo, siapiwch y toes yn siâp hirsgwar cyn ei rolio mas yn deneuach i tua ½ modfedd gyda rholbren.

5. Cymysgwch y sinamon, y siwgwr brown a'r menyn i ffurfio past. Gwasgarwch y past dros y toes cyn ei rolio fel Swis-rôl.

6. Gan ddefnyddio cyllell finiog, torrwch y rôl o does yn ddisgiau 1 fodfedd o drwch a'u gosod ar y tun. Bydd y toes yn lledaenu wrth iddo godi a phobi, felly peidiwch â'u gosod yn rhy agos at ei gilydd. Dylech allu ffitio o leiaf 12–15 ohonynt ar hambwrdd pobi o faint arferol. Gorchuddiwch gyda lliain a'u gadael i godi am 45 munud.

7. Twymwch y ffwrn i 200°C / Ffan 180°C / Nwy 6. Chwipiwch wy a'i frwsio ar dop y rholiau gan wneud yn siŵr nad yw'r wy'n arllwys i lawr yr ochrau.

1. Put the flour and salt into a large mixing bowl and rub in the butter. Add the sugar and yeast and mix until evenly distributed. Add the eggs and milk.

2. Bring the mixture together into a ball and tip out onto the worktop. Knead the dough until smooth – it will be sticky, but persevere and it should be smooth in around 10 minutes.

3. Place the dough back into the bowl and leave to rest, covered with a tea towel at room temperature until doubled in size, at least one hour.

4. Whilst the dough is proving prepare a large baking tray by greasing it with butter. Once the dough has doubled in size, scrape it out of the bowl onto a lightly floured surface and using your hands, pat out the dough into a rough rectangle before rolling it out thinner with a rolling pin to around ½ inch.

5. Mix the cinnamon, brown sugar and butter until it's a paste and spread it over the dough before rolling the dough up like a Swiss roll.

6. Using a sharp knife, cut the roll of dough into discs of around 1 inch in thickness and place cut side down onto the prepared tin. The dough will spread as it proves and bakes, so don't pack the buns into the tin, but don't spread them out too much. You should be able to fit at least 12–15 buns onto a regular sized baking sheet. Cover with a tea towel and leave to prove for 45 minutes.

8. Pobwch y rholiau ar silff ganol y ffwrn am 15–20 munud. Gadewch y rholiau i oeri cyn addurno.

9. Tra mae'r rholiau yn oeri, gwnewch eich eisin drwy ychwanegu digon o ddŵr at y siwgwr eisin tan ei fod yn ddigon llyfn i'w beipio. Rhowch mewn bag peipio.

10. Unwaith mae'r rholiau wedi oeri, rhowch eisin ar eu pennau a'u bwyta'n syth.

7. Preheat the oven to 200°C / Fan 180°C / Gas mark 6. Whisk an egg and lightly brush the tops of the buns, making sure not to let it dribble down the sides or onto the tin.

8. Bake the buns on the middle shelf of the oven for 15–20 minutes. Leave the buns to cool a little before decorating.

9. While the buns are cooling, make your water icing by adding just enough water to the icing sugar so that it's a good piping consistency and pop it into a piping bag.

10. Once cooled, ice the buns with your desired amount of icing and eat immediately.

BARA SODA
SIMPLE SODA BREAD

O bosib, dyma'r bara hawsaf a mwyaf sydyn i'w wneud a'i bobi, yn enwedig os ydych chi'n crefu am grystyn a menyn! Ar wahân i fod yn sydyn i'w goginio, bara soda yw un o fy ffefrynnau – yn enwedig wedi ei dostio yn y bore gyda digon o fenyn a jam. Dwi'n ei ddefnyddio yn aml ar gyfer canapes, gyda fy Mhate Mecryll sydd ar dudalen 144 neu'r Madarch ar Dost ar dudalen 146.

Possibly the easiest and quickest bread to make and bake if you're craving a bit of crust to butter! Apart from being speedy, soda bread happens to be one of my favourites – especially toasted for breakfast with plenty of butter and jam. I also use it often as a great base for canapes, with my Mackerel Pate on page 144 or my Mushrooms on Toast on page 146 often making appearances when nibbles are required.

Digon i 1 dorth   *Makes 1 loaf*

CYNHWYSION   INGREDIENTS

Blawd codi gwenith cyflawn neu wyn	**340g**	Self-raising wholemeal or white flour
Blawd plaen neu sbelt	**340g**	Plain flour or spelt
Llwy de o halen	**1**	Teaspoon of salt
Llwy de o soda pobi	**1**	Teaspoon of bicarbonate of soda
Iogwrt naturiol neu laeth enwyn	**600ml**	Buttermilk or natural yogurt

1. Twymwch y ffwrn i 200°C / Ffan 180°C / Nwy 6.
2. Dodwch y blawd, yr halen a'r soda pobi mewn powlen gymysgu fawr a'u troi.
3. Ffurfiwch bant yn y canol ac arllwyswch y llaeth enwyn gan gymysgu'n sydyn gyda fforc fawr i ffurfio toes meddal. (Os yw'r gymysgedd yn stiff, ychwanegwch ychydig o laeth ond does dim eisiau i'r toes fod yn rhy wlyb.)
4. Dodwch ar fwrdd wedi ei orchuddio â blawd a'i dylino'n fras.
5. Ffurfiwch belen a'i wneud ychydig yn fflat cyn ei osod ar hambwrdd pobi gyda blawd arno.
6. Torrwch groes ar y top a'i bobi am 30–40 munud, neu tan fod y bara yn swnio'n wag wrth ei gnocio.
7. Gadewch i oeri ar resel weiren cyn ei fwyta.

1. Preheat the oven to 200°C / Fan 180°C / Gas mark 6.
2. Tip the self-raising wholemeal flour, plain flour or spelt, salt and bicarbonate of soda into a large mixing bowl and stir.
3. Make a well in the centre and pour in the buttermilk, mixing quickly with a large fork to form a soft dough. (Depending upon the absorbency of the flour, you may need to add a little milk if the dough seems too stiff but it should not be too wet or sticky.)
4. Turn onto a lightly floured surface and knead briefly.
5. Form into a round and flatten the dough slightly before placing on a lightly floured baking sheet.
6. Cut a cross on the top and bake for about 30–40 minutes or until the loaf sounds hollow when tapped.
7. Cool on a wire rack before eating.

BARA CORN

CORNBREAD

Mae'r dorth ddi-glwten yma'n llawn blas. Dwi hefyd yn gwneud fersiwn plaen, ond mae'r un yma sy'n llawn caws feta a jalapenos yn mynd yn berffaith gyda phowlen lawn cysur o Gawl Pupur Coch sydd ar dudalen 86.

This is a gluten-free loaf that is packed full of flavour. I do make a plain version, but with feta cheese and jalapenos, this loaf is by far the one you want to have alongside a bowl of comforting Red Pepper Soup (page 86) for lunch.

Digon i 1 dorth   *Makes 1 loaf*

CYNHWYSION		INGREDIENTS
Blawd plaen heb glwten	**375g**	Gluten-free plain flour
Blawd corn	**225g**	Cornmeal
Llwy de o halen	**1**	Teaspoon of salt
Llwy de o bowdwr pobi	**4**	Teaspoons of baking powder
Siwgwr brown golau	**110g**	Light brown sugar
Llaeth enwyn	**480ml**	Buttermilk
Wy	**2**	Eggs
Menyn wedi toddi	**110g**	Butter, melted, plus extra for greasing
Tun bach o india-corn		Small tin sweetcorn kernels, drained
Tomatos heulsych wedi'u torri	**75g**	Sundried tomatoes, roughly chopped
Caws feta mâl	**100g**	Feta cheese, crumbled
Shibwns mawr wedi'u torri	**4–5**	Large spring onions, chopped
Llwy fwrdd o jalapenos (opsiynol)	**1–2**	Tablespoons of jalapenos, chopped (optional)

1. Twymwch y ffwrn i 200°C / Ffan 180°C / Nwy 6 ac irwch dun gyda menyn wedi toddi.
2. Mewn powlen fawr, cyfunwch yr holl gynhwysion heblaw am yr india-corn. Cymysgwch tan ei fod yn edrych fel cymysgedd cacen, yna ychwanegwch yr india-corn.
3. Cymysgwch yn dda cyn ei arllwys i mewn i'r tun a'i bobi am tua 45–55 munud. Gallwch hefyd ei bobi mewn tun myffins gyda chasys papur neu wedi ei iro a phobwch am 20–25 munud.
4. Mae'r bara corn yn barod pan mae'n euraidd ei olwg a bod sgiwyr metal yn dod mas o'r dorth yn lân.
5. Gadewch i oeri cyn ei dorri.

1. Preheat the oven to 200°C / Fan 180°C / Gas mark 6 and grease a loaf tin with melted butter.
2. In a large bowl, combine all the ingredients together except for the sweetcorn kernels. Mix until you have the consistency of a sponge cake batter, then add the sweetcorn.
3. Stir to combine thoroughly, pour into the prepared baking tin and bake for around 45–55 minutes. You can bake these in a muffin tray lined with paper cases or greased; these will take around 20–25 minutes to bake.
4. The cornbread is ready when it has a golden colour, is springy to the touch and a skewer inserted comes out clean.
5. Allow to cool before cutting.

TOES PIZZA
PIZZA BASE

Rysáit arall tebyg i'r Bara Gwyn, ond fe sylwch yma fod llai o furum yn ogystal â mymryn mwy o ddŵr ac olew olewydd. Mae'r rhain i gyd yn helpu gyda blas a strwythur y crwst pizza. Dewiswch wneud pizza Margarita neu pizza Corgimychiaid sydd ar dudalen 90.

Another very similar recipe to my White Loaf, however you'll notice here that there's less yeast as well as a little more water and olive oil. These all help with the flavour and structure of the pizza crust. Choose from two toppings on page 90, my Margarita topping or a very cheeky and indulgent King Prawn topping.

Digon i 4 pizza   *Makes 4 pizzas*

CYNHWYSION   INGREDIENTS

Blawd bara gwyn cryf	**500g**	Strong white bread flour
Halen	**10g**	Salt
Burum sych	**4g**	Fast action yeast
Olew olewydd	**30ml**	Olive oil
Dŵr twym (dim twymach na gwres eich dwylo)	**350ml**	Warm water (no hotter than hand temperature)
Semolina cwrs a blawd ychwanegol		Course semolina and extra flour for rolling

1. I wneud y toes, rhowch y blawd mewn powlen fawr, ychwanegwch yr halen, y burum, yr olew a'r dŵr a dewch â'r toes at ei gilydd yn belen. Dodwch ar fwrdd a'i dylino am tua 5–8 munud tan ei fod yn esmwyth ac elastig. Gosodwch yn ôl yn y bowlen a'i orchuddio tan ei fod wedi dyblu mewn maint; fe gymerith hynny tua 1–2 awr.
2. Twymwch y ffwrn i'r tymheredd uchaf posib a rhowch lechen bobi neu hambwrdd pobi ynddi i dwymo.
3. Ar ôl i'r toes ddyblu, gorchuddiwch wyneb bwrdd gyda blawd a rhannwch y toes yn 4 pelen. Gadewch ar hambwrdd pobi sydd wedi ei orchuddio gyda semolina a blawd a'i orchuddio gyda lliain. Mae'r toes yn barod nawr i'w rolio, ei orchuddio a'i bobi.

1. To make the dough, place the flour in a large bowl, add the salt, yeast, oil and water and bring together into a rough ball. Tip out onto a work surface and knead for around 5–8 minutes or until smooth and elastic. Place back into the bowl and cover until doubled in size; this will take around 1–2 hours.
2. Preheat the oven to the hottest setting and place a baking stone or upturned baking tray or sheet in there to heat up.
3. After the dough has doubled, lightly flour the work surface and divide the dough into 4, shaping each piece into a ball and keep to one side, on a semolina and flour dusted tray or baking tray cover with a tea towel. The dough is now ready to be rolled out, topped and baked.

TOES PIZZA MAM SIMONA
SIMONA'S MUM'S PIZZA BASE

Dyma'r toes ar gyfer rysáit pizza hyfryd mam fy ffrind annwyl. Dyw e ddim yn rhy annhebyg i'r ryseitiau toes gwyn eraill o fewn y bennod hon, ond mae mwy o furum a siwgwr yn yr un yma. Ar gyfer yr haenau uchaf, mae dau opsiwn ar dudalen 94, neu gwnewch yr hyn fydda i'n arfer ei wneud – gwnewch hanner a hanner!

Here's the fabulous dough base to my dear friend's mam's pizza. It's not too dissimilar to the other white doughs in this chapter, however there is more yeast and the addition of a little sugar. For the toppings, you'll find two options to choose from on page 94, or do what I normally do and do half and half!

Digon i 8   *Serves 8*

CYNHWYSION   INGREDIENTS

Blawd gwyn cryf	**500g**	Strong white flour
Burum sych	**14g**	Fast action yeast
Halen	**10g**	Salt
Llwy fwrdd o olew olewydd	**3**	Tablespoons of olive oil
Siwgwr mân	**1**	Caster sugar
Dŵr twym, dim twymach na gwres eich dwylo	**340ml**	Water, hand temperature

1. Cymysgwch y blawd, yr halen, y burum a'r siwgwr mewn powlen fawr. Ychwanegwch y dŵr a'r olew a dewch â'r gymysgedd at ei gilydd i ffurfio pelen o does. Dodwch ar fwrdd a'i dylino am 8–10 munud tan ei fod yn esmwyth ac elastig. Irwch y bowlen a rhowch y toes yn ôl i mewn, gorchuddiwch a'i adael i godi tan ei fod wedi dyblu mewn maint, tua 2 awr.

2. Wedyn, irwch hambwrdd pobi mawr sy'n mesur 12"×16" a chrafwch y toes yn syth o'r bowlen i'r hambwrdd pobi. Gwthiwch y toes gan ddefnyddio eich bysedd i ffitio'r hambwrdd. Gwnewch ychydig ar y tro a'i adael i ymlacio am rai munudau cyn ei wthio eto – bydd yn haws na'i ymestyn i ffitio. Gadewch i godi am 30–45 munud arall cyn gosod yr haenau a phobi.

1. Place the flour into a large bowl along with the salt, yeast and sugar and give it a quick mix to evenly distribute the ingredients. Add the water and oil and bring the mixture together into a ball of dough. Tip it out onto a work surface and knead for 8–10 minutes, until smooth and elastic. Grease the bowl and place the dough back in, cover and leave to prove until it doubles in size, around 2 hours.

2. After this time, grease a large baking tray measuring 12"×16" and scrape the dough out of the bowl and straight into the greased baking tray. Push the dough out using your fingers to fit the tray; do a little at a time and leave to relax for a few minutes before pushing it again, it will be easier than trying to stretch it to fit. Leave to prove for a further 30–45 minutes before putting the topping on and baking.

BRECINIO

Dwi'n caru brecwast a brecinio. Mae boreau diog gyda bwyd lysh wrth ddarllen papur yn bleser pur. Peidiwch â phoeni, mae nifer o'r ryseitiau yma yn cael eu coginio ganol wythnos yn ein tŷ ni hefyd – yn enwedig y smwddis, y granola a'r myffins brecwast. Ni'n aml yn bwyta'r ffrityrs india-corn amser cinio hefyd! Mae'r rhain yn fwyd syml ond hyfryd ac yn ddechrau da i'r bore. Fe ffilmiwyd rhai o'r ryseitiau yma yng nghaffi Sugar Plum Tea Room ger Rhuthun – dwi'n caru'r lle 'na!

BRUNCH

I do love a good breakfast and brunch; something about lazy weekends, delicious food and reading the supplements. Bliss. Don't worry though, some of these recipes are working week breakfast staples in our house, especially the smoothies, granola and breakfast muffins. The sweetcorn fritters have also made a cheeky appearance at lunch too! Some simple yet scrummy scram to get you off to a good start in the mornings. Some of these recipes were filmed in the very fabulous and kitsch surroundings of the Sugar Plum Tea Room near Ruthin in North Wales – I adore that place!

POWLEN SMWDDI
SMOOTHIE BOWL

Dwi'n aml yn dechrau fy niwrnod gyda smwddi sy'n llawn stwff da. Mae'n hawdd i'w fwyta wrth i fi gael y merched yn barod i'r ysgol. Pan dwi'n gweini smwddi mewn powlen a'i orchuddio gyda ffrwythau ffres, cnau a hadau, mae'n fy ngorfodi i eistedd i lawr i'w fwynhau. Mae'r smwddi'n edrych yn hyfryd mewn powlen, sy'n gwneud i fi werthfawrogi'r blas a'r ansawdd gyda phob llwyaid.

I often start my day with a smoothie, jam packed full of goodness and easily digested as I get the girls ready to school, while I whizz around the house. However, when I serve a smoothie in a bowl, if forces me to sit down and enjoy it properly as well as decorating the top with fresh fruit, nuts and seeds. The smoothie looks beautiful in a bowl, making me appreciate all the flavours and textures with every spoonful.

Digon i 2   *Serves 2*

CYNHWYSION — INGREDIENTS

Welsh	Qty	English
Afocado	½	Avocado
Bananas	2	Medium ripe bananas
Mafon wedi rhewi	150g	Frozen raspberries
Llond llaw o sbigoglys ffres	2½	Large handfuls of fresh spinach
Llaeth almwn heb siwgwr neu laeth	485ml	Unsweetened almond milk or cow's milk
Llwy de o fenyn cnau almwn	2	Teaspoons of almond butter

I'W WEINI — TO SERVE

Almwnau mân wedi'u tostio		Toasted almonds, roughly chopped
Llond llaw o lus a mafon		Handful of fresh blueberries and raspberries
Llwy de o hadau chia	2	Teaspoons of chia seeds
Llwy fwrdd yr un o hadau blodau'r haul a phwmpen	1	Tablespoon each of sunflower and pumpkin seeds

1. Rhowch holl gynhwysion y smwddi mewn blendiwr tan fod y gymysgedd yn llyfn. Ychwanegwch ychydig mwy o laeth almwn os yw'r gymysgedd yn rhy drwchus. Dylai hyn gymryd un munud o flendio.
2. Tostiwch y cnau mewn padell sych tan eu bod nhw'n euraidd, ac yna eu torri yn fras.
3. Rhannwch y smwddi rhwng dwy bowlen, a'u haddurno gyda'r cnau wedi tostio, ffrwythau ffres, llwy de yr un o hadau chia a llwy fwrdd o'r hadau blodau'r haul a phwmpen fesul powlen.
4. I'w weini'n syth. Mae'n well gwneud y smwddi yn ffres a'i fwyta'n syth bìn.

1. Place all the smoothie ingredients into a blender and blend until smooth, adding more almond milk if the mixture is too thick. This should take 1 minute of blending.
2. Toast the nuts in a dry pan until they start to take on a golden colour, and then roughly chop.
3. Divide the smoothie between two bowls and decorate with the toasted chopped nuts, fresh berries, a teaspoon of chia seeds per bowl and a tablespoon each of sunflower and pumpkin seeds per bowl.
4. Serve immediately. Best made fresh and eaten straight away.

GRANOLA

Prif frecwast ein tŷ ni yw Granola. Fel arfer gallwch ddod o hyd i botyn cyfan o granola cartref yn fy nghegin. I'w weini'n syml gyda llaeth neu iogwrt a ffrwythau ffres. Fe wnaiff y brecwast yma eich cadw chi'n llawn am sbel ac mae'n ddechrau da iawn i'ch diwrnod.

A breakfast staple in our house, you can usually find a large jar of homemade Granola in my kitchen. Served simply with milk or yogurt and fresh fruit, this breakfast will keep you fuller for longer and give you a great start to your day.

Digon i tua 14 platiad   *Makes around 14 servings*

CYNHWYSION   INGREDIENTS

Ceirch	**400g**	Oats
Cnau almwn	**150g**	Blanched almonds, roughly chopped
Cnau coco	**50g**	Flaked coconut
Cnau coco sych	**25g**	Desiccated coconut
Cymysgedd o hadau pwmpen, hadau blodau'r haul a sesame	**75g**	Mixture of pumpkin seeds, sunflower seeds, sesame seeds
Llwy fwrdd o olew cnau coco neu olew llysiau	**3**	Tablespoons of coconut oil or vegetable oil
Yr un o surop masarn a mêl	**80ml**	Each of syrup and honey
Unrhyw ffrwythau sych,	**240g**	Any dried fruit you wish,
Dwi'n hoffi bricyll, llugaeron ac eirin sych		I like apricots, cranberries and prunes

1. Twymwch y ffwrn i 150°C / Ffan 130°C / Nwy 2. Twymwch yr olew a'r surop gyda'i gilydd mewn sosban, ond peidiwch â gadael iddo ferwi.
2. Rhowch y ceirch, cnau almwn, cnau coco a chnau coco sych a'r hadau mewn powlen gan arllwys yr hylif dros bob dim.
3. Cymysgwch yn dda ac yna'u gosod ar hambwrdd pobi wedi ei leinio gyda phapur gwrthsaim. Mae'n debyg y byddwch angen defnyddio 2 hambwrdd pobi fel y gall y gymysgedd bobi'n gywir yn y ffwrn.
4. Pobwch yn y ffwrn am 20 munud, ac yna ychwanegwch ffrwythau mân wedi sychu. Cymysgwch yn dda cyn ei bobi am 20 munud arall.
5. Gadewch i oeri yn gyfan gwbl cyn ei storio mewn jar gwydr wedi'i selio.
6. Fe gadwith y granola am fis. Mae'n ddiguro fel brecwast iachus gyda llaeth neu iogwrt ac ychydig o ffrwythau, neu fel tamaid i aros pryd.

1. Preheat the oven to 150°C / Fan 130°C / Gas mark 2. Heat the oil and syrup together in a saucepan, but don't bring to a boil.
2. Place the oats, blanched almonds, flaked coconut and desiccated coconut and the seeds in a bowl and pour over the liquid.
3. Mix well then spread out onto a greaseproof lined baking tray. You will probably need to use 2 trays so that the mixture can bake properly in the oven.
4. Bake in the oven for 20 minutes then add chopped dried fruit. Mix well and bake for a further 20 minutes.
5. Leave to cool completely before storing in an airtight container like a glass jar.
6. The granola will keep for a month. Great as a healthy breakfast with milk or yogurt and berries or as a snack on the go.

BISGEDI BRECWAST
BREAKFAST BISCUITS

Math o sgon sawrus yw'r bisgedi yma sy'n brif ymborth brecwast gorllewin canolbarth America. Bwytewch nhw'n dwym gyda menyn a jam neu'n well fyth fel partner i'ch Caserol Wy a Selsig (ar dudalen 44) a Grefi Gwledig (tudalen 46). Dyw'r rysáit yma byth yn ffaelu fy nghludo yn ôl i America, yn bwyta brecwast o amgylch bwrdd mawr gyda fy nghefndryd.

A staple of the mid-west American breakfast, these biscuits are essentially a savoury scone. Simply eaten warm with butter and jam they are delicious, but they're much better as a side-kick to your Egg and Sausage Casserole (page 44) and Country Gravy (page 46). This recipe never fails to transport me back to the States, eating breakfast around a big table with my cousins.

Digon i 12–14   *Makes 12–14*

CYNHWYSION   INGREDIENTS

Blawd gwyn cryf	**325g**	Strong white flour
Llwy de o bowdwr pobi	**2½**	Teaspoons of baking powder
Llwy de o halen	**½**	Teaspoon salt
Llwy fwrdd o siwgwr mân	**1**	Tablespoon of caster sugar
Menyn heb ei halltu, yn oer ac wedi'i dorri'n giwbiau	**115g**	Unsalted butter, cold and cubed
Llaeth cyflawn	**175ml**	Whole milk
Wy wedi ei guro	**1**	Egg, beaten to glaze

1. Mewn powlen fawr, ychwanegwch flawd, powdwr pobi, halen a siwgwr mân a'u cymysgu yn dda.
2. Ychwanegwch fenyn a'i rwbio i mewn i'r gymysgedd blawd tan ei fod yn edrych fel briwsion bara.
3. Ychwanegwch laeth, a gan ddefnyddio cyllell dewch â'r gymysgedd at ei gilydd a'i ddodi ar fwrdd wedi ei orchuddio gydag ychydig o flawd.
4. Tylinwch y toes tan ei fod yn esmwyth, yna rholiwch allan i drwch o tua 1½ modfedd.
5. Torrwch gylchoedd o 5–6cm a'u gosod ar hambwrdd pobi wedi ei iro.
6. Gadewch nhw i orffwys o dan liain llestri am tua 20 munud.
7. Brwsiwch dop pob bisged gydag ychydig o'r wy wedi ei guro, a'u pobi mewn ffwrn ar 220°C / Ffan 200°C / Nwy 7 am 15–20 munud, neu tan eu bod wedi codi ac yn euraidd.
8. Bwytewch yn dwym gyda menyn ochr yn ochr â'ch brecwast Americanaidd.

1. In a large mixing bowl add flour, baking powder, salt, and caster sugar and mix until evenly distributed.
2. Add butter and rub it into the flour mixture until it resembles large breadcrumbs.
3. Add the milk and using a knife or a dough scraper, bring the mixture together and tip out onto a lightly floured work surface.
4. Knead a little until smooth then pat or roll out to a thickness of around 1 ½ inches.
5. Cut out rounds of around 5–6cm and place on a lightly greased baking sheet.
6. Leave them to rest under a tea towel for around 20 minutes.
7. Brush the tops of the biscuits with the beaten egg and bake in a preheated oven at 220°C / Fan 200°C / Gas mark 7 for 15–20 minutes, or until risen and golden brown.
8. Serve warm with butter alongside your American breakfast.

CASEROL WY A SELSIG
EGG AND SAUSAGE CASSEROLE

Brecwast Americanaidd clasurol sy'n cael ei baratoi'r noson gynt yw'r rysáit yma. Mae'n berffaith os oes gennych chi griw'n aros gyda chi ac angen eu bwydo. Mae'n hawdd iawn i'w wneud ac fe allwch ddefnyddio selsig, bacwn neu lysiau. I'w weini'n dwym o'r ffwrn gyda Bisgedi Brecwast (tudalen 42) a Grefi Gwledig (tudalen 46).

This is a classic American breakfast dish that gets prepared the night before and is perfect if you have a crowd staying over to feed. It's very simple too and can be made using sausage or bacon or vegetables. Perfect served hot from the oven with some warm Breakfast Biscuits (page 42) and creamy Country Gravy (page 46).

Digon i 6–8　　*Serves 6–8*

CYNHWYSION　INGREDIENTS

Cymraeg	Maint	English
Cig selsig o ansawdd da	**450g**	Good quality pork sausage meat
Wy	**12**	Eggs
Llaeth	**250ml**	Milk
Llwy de o halen	**1**	Teaspoon of salt
Llwy de o bowdwr mwstard	**1**	Teaspoon of mustard powder
Tafelli o fara gwyn wedi'u torri'n giwbiau 2cm heb y crystiau	**6–7**	Slices white bread, cut into 2cm cubes, crusts off
Caws Cheddar wedi'i gratio	**115g**	Grated Cheddar cheese

1. Ffrïwch y cig selsig mewn ychydig o olew gan dorri'r cig a gwneud yn siŵr ei fod yn brownio'n iawn. Unwaith mae wedi coginio, draeniwch y cig ar bapur cegin. Taenwch y ciwbiau bara mewn dysgl tua 9"×13" ar gyfer y ffwrn gan roi'r cig selsig ar ben y bara. Mewn powlen arall, curwch yr wyau, ychwanegwch y llaeth, halen, llwy de o bowdwr mwstard a chaws – gan gadw peth ar ôl i'w roi ar ben y cwbl cyn pobi.

2. Arllwyswch y gymysgedd wy dros y bara a'r cig gan gymysgu pob dim a gwneud yn siŵr fod y bara wedi ei orchuddio. Rhowch weddill y caws ar y top cyn rhoi cling film dros y ddysgl a'i adael yn yr oergell dros nos, yn barod i'w bobi yn y bore.

3. Yn y bore, twymwch y ffwrn i 180°C / Ffan 160°C / Nwy 4. Tynnwch y caserol o'r oergell iddo gyrraedd tymheredd yr ystafell am tua 30 munud. Tynnwch y cling film a'i bobi am 40 munud.

4. Gallwch ei weini gyda'r Bisgedi Brecwast a Hash Browns.

1. Fry the sausage meat in a little oil, breaking up the meat and making sure that it all browns nicely. Once cooked, drain the meat on some kitchen roll. Scatter the bread cubes into an ovenproof dish around 9"×13" and top the bread with the cooked sausage meat. In a separate bowl, beat the eggs, milk, salt, mustard powder and cheese – reserving some to sprinkle on top before baking.

2. Pour the egg mixture over the bread and sausage meat and then give the whole thing a stir, making sure that all the bread is covered with the egg mixture. Sprinkle the remaining cheese on top and then cover with cling film and pop in the fridge overnight, ready to be baked in the morning.

3. In the morning, preheat the oven to 180°C / Fan 160°C / Gas mark 4. Take the casserole out of the fridge and let it come to room temperature for around 30 minutes. Remove the cling film and bake for 40 minutes.

4. Serve warm with Breakfast Biscuits and Hash Browns.

GREFI GWLEDIG
COUNTRY GRAVY

Mae'r Grefi Gwledig wedi'i weini gyda'r Bisgedi Brecwast yn bryd gwir Americanaidd. Dyma un o'r prydau dwi'n eu cofio fel merch fach wrth ymweld â fy nheulu draw yn America am y tro cyntaf. Mae'r rysáit yn llawer mwy na saws gwyn a chig selsig! Mae hwn yn fwyd cysurlon go iawn, a dwi'n argymell gweini'r grefi gyda'r Bisgedi Brecwast sydd ar dudalen 42 a'r Caserol Wy a Selsig ar dudalen 44.

You can't get more mid-west America than Country Gravy served with biscuits for breakfast. This is one of the meals I remember having as a little girl when we first went to visit our family in America. It's essentially a white sauce with pieces of sausage meat but it's much more than that! It is the ultimate breakfast comfort food and I recommend that you serve the gravy with my Breakfast Biscuits on page 42 and the Egg and Sausage Casserole, page 44.

Digon i 6–8   *Serves 6–8*

CYNHWYSION   INGREDIENTS

Selsig porc o ansawdd da	6	Good quality pork sausages
Llwy fwrdd o flawd plaen	2	Tablespoons of plain flour
Llwy de o halen	½	Teaspoon of salt
Pupur du ffres		Fresh black pepper
Llwy de o bupur cayenne	½	Teaspoon of cayenne pepper
Llaeth cyflawn	350ml	Whole milk
Llwy fwrdd o olew	1	Tablespoon of oil

1. Twymwch yr olew mewn padell ffrio, tynnwch y croen oddi ar y selsig a malwch y cig i mewn i'r badell. Ffrïwch dros wres canolig tan fod lliw ar y cig. Unwaith maen nhw wedi coginio, tynnwch y cig mas gan gadw'r braster yn y badell. Gwnewch y saws gan ddefnyddio'r braster o'r selsig, ychwanegwch y blawd a'i droi. Ychwanegwch y llaeth yn raddol i ffurfio saws tew llyfn. Ychwanegwch halen, pupur a chayenne i'w sesno, yna rhoi'r cig yn ôl i mewn.
2. I'w weini'n syth bìn gyda'r Bisgedi Brecwast a'r Caserol Wy a Selsig.

1. Heat the oil in a frying pan, remove the skin from the sausages and crumble the meat into the pan. Fry over a medium heat until the meat has some colour. Once cooked, remove the meat but keep the fat in the pan. Make a white sauce using the fat from the sausages, add the flour and stir, then gradually add the milk until you have a thick smooth sauce. Season with salt, pepper and cayenne, then add the meat back in.
2. Serve immediately with warm Buttered Biscuits and Egg and Sausage Casserole.

MYFFINS BRECWAST
BREAKFAST MUFFINS

Perffaith ar gyfer pobl brysur! Wnewch chi ddim diflasu ar y rhain gan fod dau flas anhygoel fan hyn. Dydyn nhw ddim yn rhy felys ac maen nhw'n llawn cynhwysion blasus i'ch cadw chi'n llawn tan amser cinio. Maen nhw'n hyfryd fel pryd bach yn y prynhawn hefyd!

These muffins are perfect to grab and eat on the go and with two different flavours – you won't get bored of these in a hurry. They're not overly sweet and are filled with yummy ingredients that will keep you going until lunch. They're great as a mid-afternoon treat too!

Digon i 12   *Makes 12*

CYNHWYSION   INGREDIENTS

Blawd codi	**225g**	Self-raising flour
Llwy de o bowdwr soda	**1**	Teaspoon of bicarbonate of soda
Mêl	**100ml**	Honey
Ceirch, ac ychydig yn ychwanegol i'w rhoi ar ben y myffins	**125g**	Porridge oats, plus additional for topping
Banana aeddfed	**2**	Medium bananas, ripe
Iogwrt Groegaidd	**285ml**	Greek yogurt
Llwy fwrdd o olew rapeseed	**5**	Tablespoons of rapeseed oil
Gwyn wy	**2**	Egg whites
Llus	**85g**	Blueberries
Siocled tywyll wedi malu	**75g**	Dark chocolate, roughly chopped
Cnau mwnci wedi malu	**75g**	Toasted peanuts, roughly chopped

1. Twymwch y ffwrn i 180°C / Ffan 160°C / Nwy 4 a leiniwch dun myffins 12 twll gyda chasys papur myffin.
2. Rhowch y blawd codi, y soda pobi a'r ceirch mewn powlen fawr a'u cymysgu gyda'i gilydd.
3. Mewn powlen arall, stwnsiwch 2 fanana tan eu bod bron yn esmwyth, yna ychwanegwch y mêl, yr iogwrt, yr olew a'r gwyn wy tan eu bod wedi cymysgu yn dda.
4. Rhowch y gymysgedd hylif i mewn i'r pant a chymysgwch yn sydyn gyda llwy bren.
5. Bydd y gymysgedd yn edrych yn lympiog ond peidiwch â chael eich temtio i'w throi'n ormodol.
6. Rhannwch y gymysgedd yn ddau, gan ychwanegu 85g o lus i un, a 75g o siocled a 75g o gnau mwnci i'r llall.
7. Rhowch y gymysgedd yn y casys papur – fe fyddan nhw'n eithaf llawn – gan wasgaru ychydig o geirch ar y top.
8. Pobwch am 18–20 munud tan eu bod wedi codi ac yn euraidd.
9. Gadewch i oeri am 5 munud yn yr hambwrdd cyn eu codi a'u rhoi ar resel i oeri yn gyfan gwbl.

1. Heat the oven to 180°C / Fan 160°C / Gas mark 4 and line a 12-hole muffin tin with paper muffin cases.
2. Put the flour, bicarbonate of soda and oats into a large bowl and mix together.
3. In a separate bowl, mash 2 medium bananas until nearly smooth then stir the honey, Greek yogurt, rapeseed oil and the egg whites into the mashed banana until evenly combined.
4. Pour the liquid mixture into the well and stir quickly and sparingly with a wooden spoon.
5. The mix will look lumpy and may have the odd clump of flour still visible, but don't be tempted to overmix.
6. Divide the mixture in two and add 85g of blueberries into one half and 75g of chopped chocolate and 75g of peanuts into the other.
7. Spoon into the muffin cases – they will be quite full – then sprinkle the tops with some oats.
8. Bake for 18–20 minutes until risen and golden.
9. Cool for 5 minutes in the tray before lifting out onto a rack to cool completely.

WYAU WEDI POBI A THOMATOS SBEISLYD
SPICY TOMATO BAKED EGGS

Mae nifer o fersiynau o'r pryd syml yma, o Huevos Rancheros y Mecsicanwyr i'r Shakshuka yn y Dwyrain Canol. Mewn gwirionedd, rysáit sylfaenol tomato a phupur coch sbeislyd yw hwn gydag wyau wedi eu coginio yn y saws. I'w gweini gyda bara i socian y saws a'r melyn wy.

There are many versions of this simple dish, from Mexico's Huevos Rancheros to the Middle East's Shakshuka. Essentially it's a spicy tomato and red pepper base with eggs baked or cooked in the sauce. Serve with some crusty bread to mop up all the juices and runny yolks.

Digon i 4 *Serves 4*

CYNHWYSION / INGREDIENTS

Llwy fwrdd o olew rapeseed	**2** Tablespoons of rapeseed oil
Winwnsyn wedi ei dorri yn ei hanner a'i sleisio yn denau	**1** Onion, cut in half and thinly sliced
Pupur coch wedi ei sleisio yn denau	**1** Red pepper, thinly sliced
Ewin garlleg wedi'u torri'n fân	**3** Garlic cloves, thinly sliced
Llwy de o gwmin mâl	**1** Teaspoon of ground cumin
Llwy de o paprika wedi ei fygu	**1** Teaspoon of smoked paprika
Llwy de o naddion chilli mân sych	**¾** Teaspoon of dried chilli flakes
Llwy de o oregano sych	**½** Teaspoon of dried oregano
Tun o domatos o ansawdd da	**1** Tin chopped tomatoes – good quality, either plum or cherry
Ychydig o saws Worcestershire	A couple of dashes of Worcestershire sauce
Pinsied o siwgwr	Good pinch of sugar
Halen a phupur	Salt and pepper to taste
Wy mawr	**4** Large eggs

I'W GWEINI / TO SERVE

Bwnsied bach o bersli a coriander, wedi'u torri'n fân
Saws tabasco neu chilli
Bara ffres ar gyfer socian gweddill y saws!

Small bunch of fresh parsley and coriander, roughly chopped
Tabasco or chilli sauce
Fresh crusty bread for mopping up juices!

1. Twymwch y ffwrn i dymheredd o 190°C / Ffan 170°C / Nwy 5.
2. Ychwanegwch olew i sgilet dros wres canolig.
3. Ychwanegwch y winwns a'r pupur coch gyda phinsied o siwgwr ac ychydig o halen, a'u coginio tan eu bod yn feddal – o leiaf 10–15 munud.
4. Ychwanegwch y garlleg a'u coginio am ychydig funudau cyn ychwanegu'r oregano a'r sbeisys.
5. Yn olaf, ychwanegwch dun o domatos ac ychydig ddiferion o'r saws Worcestershire a'i adael am tua 8–10 munud tan ei fod wedi mynd yn drwchus.
6. Blaswch cyn ychwanegu mwy o halen os oes angen.
7. Gwnewch le yn y tomatos i'r wyau cyn eu hychwanegu fesul un i fylchau yn y badell.
8. Rhowch ychydig o halen a phupur arno cyn coginio yn y ffwrn am 6–8 munud, neu tan fod yr wyau wedi coginio wrth eich bodd.
9. Gallwch weini'r badell yng nghanol y bwrdd gyda pherlysiau ffres wedi'u taenu ar y top.
10. Gall pawb ychwanegu saws tabasco fel y mynnant a defnyddio'r bara ffres i socian unrhyw saws sydd ar ôl ar y diwedd.

1. Preheat the oven to 190°C / Fan 170°C / Gas mark 5.
2. Place a medium skillet over a low-medium heat and add the oil.
3. Add in the onion and pepper along with a pinch of sugar and a little salt and cook gently until soft – at least 10–15 minutes.
4. Add in the garlic cloves and cook for a couple of minutes, followed by the spices and oregano.
5. Finally, add in 1 tin of chopped tomatoes and a few dashes of Worcestershire sauce, stir and leave to bubble for around 8–10 minutes until thickened.
6. Taste to check the seasoning, adding in more salt if needed.
7. Crack 4 eggs into 4 individual cups – this will make it easier to add to the pan. Make 4 little spaces in the tomatoes for the eggs, and then add the eggs into the gaps.
8. Season with a pinch of salt and a crack of black pepper and then bake in the oven for around 6–8 minutes, or until the eggs are cooked to your liking.
9. Serve the pan in the middle of the table with the fresh herbs chopped and scattered on top.
10. Individuals tucking in can then add as much tabasco as they want and mop up the sauce with the crusty bread.

FFRITYRS INDIA-CORN
SWEETCORN FRITTERS

Mae'r ffrityrs yma'n hawdd iawn i'w gwneud gan fod y prosesydd bwyd yn gwneud y gwaith i gyd. Maen nhw'n coginio mewn dim o dro ac yn berffaith gydag wy wedi ei botsio sy'n gwneud brecinio blasus. Ychwanegwch gymaint o chilli ag y meiddiwch!

These fritters are quick to whip up as the food processor does all the work for you. They cook in no time and simply served with a poached egg, they make for a rather tasty brunch dish. Add as much chilli as you dare!

Digon i 4   *Serves 4*

CYNHWYSION · INGREDIENTS

Tun o india-corn	340g	Tin of sweetcorn, drained
Tun o ffa du	1	Tin of black beans, drained and rinsed
Chilli coch wedi sleisio	1–2	Red chillies, sliced – seeds out if you don't like things spicy
Shibwns wedi sleisio	3	Spring onions, sliced – as much of the green as possible
Llwy fwrdd o flawd codi	3	Tablespoons of self-raising flour
Wy	2	Medium eggs
Pinsied o halen a phupur		A good pinch of salt and pepper
Bwnsied bach o goriander ffres wedi'i dorri		A small bunch of fresh coriander, chopped
Olew cnau coco ar gyfer ffrio		Coconut oil for frying

I'W GWEINI · TO SERVE

Bacwn wedi'i fygu, 2 sleisen i bob person	8	Sweetcure or smoked bacon, 2 rashers per person
Caws feta	100g	Feta cheese
Leim wedi'i dorri'n ddarnau	1–2	Limes cut into wedges

1. Rhowch ¾ yr india-corn (255g) a ¾ y ffa du mewn prosesydd bwyd gyda'r blawd codi, yr wyau a phinsied o halen a phupur.
2. Gwnewch yn siŵr fod popeth wedi cyfuno yn dda cyn ei roi mewn powlen. Ychwanegwch y chillis coch wedi sleisio, gweddill yr india-corn a'r ffa du, y shibwns wedi sleisio a bwnsied bach o goriander ffres. Trowch er mwyn eu cyfuno.
3. Toddwch olew cnau coco mewn padell ffrio dros wres canolig a rhowch lwyeidiau o'r gymysgedd i mewn. Ffrïwch tan eu bod nhw'n euraidd cyn eu troi nhw drosodd.
4. Rhowch y ffrityrs yn y ffwrn i gadw'n dwym tra eich bod chi'n coginio'r gweddill.
5. Rhowch ar blât gyda bacwn, ychydig o gaws feta ar ben y ffrityrs a darn o leim.

1. Place in a food processor ¾ of the corn (255g) and ¾ of the black beans, self-raising flour, eggs, a pinch of salt and pepper and blend until combined.
2. Scrape into a mixing bowl and add in the red chillies, the remaining corn and black beans, chopped spring onions and a small bunch of coriander. Stir to combine.
3. Melt the coconut oil in a frying pan over a medium heat and spoon in tablespoons of the mixture, frying until golden before flipping and cooking the other side.
4. Keep the fritters warm in the oven whilst you cook the whole batch.
5. Serve with crispy bacon, some crumbled feta cheese and a wedge of lime.

BORE
COFFI

Yn fy nhŷ i, mae hi'n amser coffi am 10.30 y bore, ac os chi'n lwcus, fe all fod 'na rywbeth bach melys i'w fwyta hefyd! Dwi'n caru Biscotti, ac yn hoffi eu gadael i doddi ychydig yn fy nghoffi cyn eu llowcio, gyda darn o Tiffin i'w dilyn. Beth am Gacen Cawod Lemwn ar gyfer rhywbeth ysgafnach, neu sbwyliwch eich hunain yn llwyr gyda fy Nghacen Siocled Guinness. Pa bynnag rysáit fyddwch chi'n ei bobi, gwnewch yn siŵr eich bod chi'n ei fwynhau gyda phaned o goffi a sgwrs gyda ffrindiau!

COFFEE MORNING

In my house, it's coffee o'clock at around 10:30am, and if you're lucky there may even be a sweet treat to tuck into too! Biscotti are a personal favourite as I love to dunk them into my coffee to soften before devouring, quickly followed by a square of Tiffin. Try my Lemon Drizzle for something a little lighter and fresher, or completely overindulge with my Chocolate Guinness Cake. Whichever bake you choose to make, be sure to have a good coffee to enjoy with it as well as a few friends for a catch-up.

CACEN CAWOD LEMWN
LEMON DRIZZLE CAKE

Mae'r gacen yma wedi bod yn ffefryn yn ein teulu ni ers blynyddoedd – yn enwedig gyda Nan. Roedd y gacen yma hefyd yn un o'r haenau yn ein cacen briodas, gyda limoncello i roi cic ychwanegol! Cacen ffres sy'n berffaith ar gyfer unrhyw achlysur.

This cake has been a firm favourite in our family for years – especially with my Nan. It was also one of the layers in our wedding cake, but drizzled with limoncello for added kick! A fresh and zingy cake, perfect for any celebration.

Digon i 8–10 *Serves 8–10*

CYNHWYSION / INGREDIENTS

Siwgwr mân euraidd	**250g**	Golden caster sugar
Margarîn coginio	**250g**	Baking margarine
Wyau	**5**	Eggs
Blawd codi	**275g**	Self-raising flour
Cnau almwn mâl	**35g**	Ground almonds
Croen lemwn	**2**	Lemon zest
Sudd lemwn	**1**	Lemon juice

RYSEITIAU SUROP A MASCARPONE / SYRUP AND MASCARPONE RECIPES

Sudd lemwn	**75ml**	Lemon juice
Siwgwr mân	**75g**	Caster sugar
Hufen dwbl	**400ml**	Double cream
Caws mascarpone	**200g**	Mascarpone
Siwgwr eisin i felysu		Icing sugar to sweeten

CEULED LEMWN / LEMON CURD

Siwgwr	**80g**	Sugar
Menyn heb ei halltu	**80g**	Unsalted butter
Wy mawr	**3**	Large eggs
Sudd lemwn	**125ml**	Lemon juice
Croen lemwn	**2**	Zest of lemons

1. Twymwch y ffwrn i 180°C / Ffan 160°C / Nwy 4 ac irwch ddau dun pobi 8 modfedd sydd â gwaelodion rhydd.
2. Cymysgwch y margarîn a'r siwgwr tan ei fod yn fflwffog. Ychwanegwch yr wyau a'r blawd tan fod popeth wedi cymysgu yn dda. Cymysgwch y cnau almwn mâl i mewn, yna ychwanegwch y croen lemwn ac yna'n olaf y sudd lemwn. Rhannwch y gymysgedd i mewn i'r ddau dun pobi a phobwch ar silff ganol y ffwrn am tua 30–40 munud neu tan ddaw sgiwyr mas yn lân.
3. Ar gyfer y surop, rhowch y siwgwr mân a'r sudd lemwn mewn sosban fach. Berwch y cyfan cyn troi'r tymheredd i lawr iddo fudferwi tan fod yr hylif yn tewhau i greu surop. Tynnwch oddi ar y gwres a'i roi i'r naill ochr i oeri.
4. Unwaith mae'r sbwng wedi pobi, gadewch yn y tuniau a'u pigo â ffyn coctel cyn arllwys y surop ar eu pennau. Gadewch i oeri yn gyfan gwbl.

1. Preheat the oven to 180°C / Fan 160°C / Gas mark 4 and grease and line two 8 inch round, loose-bottomed, deep sandwich tins.
2. Cream the margarine and sugar until light and fluffy. Gradually add the eggs and flour until combined. Stir in the ground almonds and the zest and juice. Divide the mixture equally into the two tins and bake on the middle shelf in the oven for 30–40 minutes or until a skewer inserted comes out clean.
3. For the syrup, place the sugar and lemon juice in a small saucepan. Bring to a boil and reduce to a simmer until the liquid has thickened slightly. Take off the heat and put to one side to cool slightly.
4. Once the cakes have baked, leave them in the tin and pierce the cakes several times with a cocktail stick then drizzle over the lemon syrup. Leave to cool completely.

5. Ar gyfer y ceuled lemwn, rhowch bowlen wydr dros sosban o ddŵr berwedig. Toddwch y menyn cyn ychwanegu'r cynhwysion eraill a'u chwipio tan fod y gymysgedd yn drwchus. Tynnwch oddi ar y gwres a'i roi yn yr oergell i setio.

6. Cadwch unrhyw geuled sbâr mewn jar wedi'i ddiheintio yn yr oergell a'i fwyta o fewn 7 diwrnod.

7. Ar gyfer yr hufen mascarpone, chwipiwch y cynhwysion tan fod y gymysgedd yn drwchus, ond ddim yn rhy drwchus.

8. I osod y gacen, torrwch y sbwng yn ei hanner a rhowch haen o'r hufen mascarpone a'r ceuled lemwn arno. Ailadroddwch gyda gweddill y sbwng gan wneud yr un peth ar gyfer top y gacen. Bydd y llenwad yn arllwys i lawr yr ochrau, ond mae hynny'n ychwanegu at gymeriad y gacen.

9. Os nad ydych chi'n ei gweini'n syth, rhowch mewn tun neu focs a'i roi yn yr oergell. Dewch â'r gacen i dymheredd yr ystafell cyn gweini.

5. For the lemon curd, place a glass bowl over a saucepan of boiling water. Melt the butter before adding all the other ingredients and whisk until thick. Remove from the heat and cool before placing in the fridge to set further.

6. Keep any excess curd in a sterilised jar in the fridge and eat within 7 days.

7. For the mascarpone cream, whisk all the ingredients together until whipped and thick, but not too thick.

8. To assemble the cake, cut the sponges in half lengthways and spread a layer of the mascarpone mixture then spoon on the lemon curd. Repeat with the remaining layers of cake and the top. The cake will have the filling spilling out but this adds to the character of the cake.

9. If not serving immediately, place in a tin or box and place in the fridge. Bring to room temperature before serving.

CACEN SIOCLED A GUINNESS
CHOCOLATE GUINNESS CAKE

Cacen siocled dywyll a thrwchus y gallwch ei haddurno gyda pheli siocled cartref neu goler siocled ar gyfer achlysuron arbennig. Gadewch heb ei haddurno fel rhywbeth perffaith i'w fwyta ganol bore.

A dark and dense chocolate cake that can be decorated with some homemade truffles and an easy chocolate collar as a special birthday cake, or left naked for a decadent mid-morning treat.

Digon i 8–10   *Serves 8–10*

CYNHWYSION   INGREDIENTS

Blawd plaen	**265g**	Plain flour
Menyn meddal	**150g**	Soft butter
Siwgwr brown tywyll	**415g**	Dark brown sugar
Wy	**3**	Eggs
Powdwr coco	**75g**	Cocoa powder
Guinness	**300ml**	Guinness
Llwy de o bowdwr pobi	**½**	Teaspoon baking powder
Llwy de o soda pobi	**1½**	Teaspoons bicarbonate of soda

LLENWAD   FILLING

Hufen dwbl	**400ml**	Double cream
Caws hufennog	**250g**	Cream cheese
Siwgwr eisin i felysu		Icing sugar to sweeten
Jam ceirios neu fafon		Cherry or raspberry jam

I ADDURNO   TO DECORATE

Eisin ffondant siocled tywyll	**500g**	Dark chocolate flavoured fondant icing
Eisin ffondant siocled gwyn	**250g**	White chocolate flavoured fondant icing
Peli siocled cartref (rysáit ar wahân)		Homemade truffles (see separate recipe)

1. Irwch a leiniwch ddau dun crwn 8 modfedd a thwymwch y ffwrn i 180°C / Ffan 160°C / Nwy 4.
2. Cymysgwch y menyn a'r siwgwr cyn ychwanegu'r wyau'n araf. Hidlwch y blawd, y powdwr coco, y powdwr pobi a'r soda pobi a'u hychwanegu fesul dipyn i'r gymysgedd bob yn ail gyda'r Guinness.
3. Unwaith mae popeth wedi cymysgu'n dda, rhannwch rhwng y ddau dun a'u pobi ar y silff ganol am 30–40 munud neu tan ddaw sgiwyr mas yn lân. Gadewch i oeri yn gyfan gwbl.
4. Ar gyfer y llenwad, cymysgwch y cynhwysion i gyd tan fod popeth yn drwchus ac yn esmwyth. Gorchuddiwch yn yr oergell am y tro.
5. I'w osod, torrwch bennau'r cacennau os nad ydyn nhw'n wastad. Torrwch yn eu hanner fel bod 4 haen i'r gacen. Gosodwch yr haenau gyda'r llenwad a'r jam. Gorchuddiwch ochrau a thop y gacen gyda'r llenwad a'i gadael yn yr oergell i setio cyn ychwanegu'r coler siocled.

1. Grease and line two 8 inch round sandwich tins and preheat the oven to 180°C / Fan 160°C / Gas mark 4.
2. Cream together the butter and sugar until pale and light, then gradually add the eggs. Sieve together the flour, cocoa powder, baking powder and bicarbonate of soda and add to the mixture in small quantities alternately with the Guinness.
3. Once combined, divide between the two tins and bake on the middle shelf of the oven for 30–40 minutes, or until a skewer inserted comes out clean. Leave to cool completely.
4. For the filling, beat together all the ingredients until thick and smooth. Keep covered in the fridge until needed.
5. To assemble, cut off the top of the cakes if they've domed in the oven. Cut the two cakes in half lengthways so that you have 4 layers of cake. Sandwich the layers together with the cream cheese frosting and jam. Cover the top and the sides of the cake in the frosting and pop in the fridge to set slightly before putting the chocolate collar on.

6. I wneud y coler siocled, mesurwch amgylchedd y gacen a rholiwch y past siwgwr siocled i'r un maint. Gwnewch yn siŵr ei fod tua 10cm o led a 1cm o drwch. Ychwanegwch 2 stribed o'r past siwgwr siocled gwyn gan ddefnyddio ychydig o ddŵr i'w glynu a rholiwch eto fel bod y ddwy yn sownd i'w gilydd a'r stribed yn ½cm o drwch.

7. Lapiwch y coler o amgylch y gacen a thacluswch yr ymyl i ffitio'r gacen yn dwt. Gadewch i'r past siwgwr godi uwchben top y gacen i ddal y peli siocled.

8. Storiwch yn yr oergell heb y coler, neu mewn man oer, tywyll os yw'r gacen wedi cael ei haddurno.

6. To make the chocolate collar, measure the circumference of the cake then roll out the chocolate sugarpaste to that measurement, around 10cm wide and 1cm thick. Add 2 strips of the white chocolate sugarpaste, using a little water to stick them down and roll again so that the two are stuck together and the strip is ½cm thick.

7. Wrap the collar around the cake, trimming the ends to fit snugly. Flute the sugarpaste at the top of the cake to form a barrier to hold the truffles.

8. Store in the fridge without the collar or in a cool dark place once decorated.

PELI SIOCLED
CHOCOLATE TRUFFLES

Mae'r peli siocled yma'n hawdd iawn i'w gwneud ac yn syniad hyfryd fel anrhegion neu i addurno cacen fel y Gacen Siocled a Guinness sydd ar dudalen 58. Ychwanegwch unrhyw flas ac addurn a ddymunwch ynghyd â diferyn o'ch hoff ddiod! Rholiwch a gorchuddiwch y peli siocled gyda phowdwr coco, cnau wedi eu malu'n fân neu hyd yn oed lwch bwyd metelaidd – bydd y rhain yn goron berffaith i'r peli.

Truffles are very easy to make and are a wonderful edible gift to make for someone or a beautiful decoration to finish off a cake, like my Chocolate Guinness Cake on page 58. Flavour and decorate the truffles however you like, from flavoured extracts to citrus zests and of course a drop of your favourite tipple! Then roll and cover the truffles in simple cocoa powder or toasted ground nuts or some stunning metallic food dusts – these will add a truly special finish to your cake.

Digon i 20–24 *Makes 20–24*

CYNHWYSION / INGREDIENTS

Cynhwysion		Ingredients
Siocled tywyll (50% coco)	**200g**	Dark chocolate (50% cocoa solids)
Hufen dwbl	**280ml**	Double cream
Siocled gwyn	**200g**	White chocolate
Llwy fwrdd o liqueur i roi blas (Amaretto, Cointreau a.y.b.)		A tablespoon of liqueur to flavour (Amaretto, Cointreau etc.)
Ychydig ddiferion o olew (pupur-fintys, oren, rhosyn a.y.b.)		A few drops of flavoured extracts or oils (peppermint, orange, rose etc.)
Cnau wedi'u malu a'u rhostio	**100g**	Toasted, finely chopped nuts
Powdwr coco		Cocoa powder
Llwch bwyd aur/arian		Edible gold/silver food dust

1. Torrwch y ddau fath o siocled a'u gosod mewn powlenni ar wahân; hanerwch y siocled tywyll i ychwanegu blas gwahanol i'r ddau.

2. Twymwch yr hufen ac ychwanegwch y swm cywir i bob siocled (200ml ar gyfer 200g o siocled tywyll ac 80ml i 200g o siocled gwyn). Ychwanegwch unrhyw flas gan ddefnyddio'r liqueur neu'r olew. Ar ôl cymysgu popeth, gadewch yn yr oergell i setio.

3. I siapio'r peli, gadewch i setio mewn tun sgwâr wedi ei leinio gyda phapur gwrthsaim a'u torri wedyn yn giwbiau neu beli bach. Fe fyddwn i'n gwisgo menig i rolio a gorchuddio'r peli. Gallwch eu rholio a'u gorchuddio mewn unrhyw beth a ddymunwch a'u cadw yn yr oergell cyn eu gweini. Gallwch hefyd ddefnyddio llwch bwyd lliwgar fel aur neu arian i greu gwisg fwy moethus.

1. Break up the two chocolates and place in separate bowls; halve the dark chocolate so that you can flavour these differently.

2. Heat the cream and add the correct amount to the different chocolates (200ml to 200g dark chocolate, 80ml to 200g white chocolate). Add any flavourings at this point too, either liqueurs, extracts/oils or leave plain. Once combined, place the ganaches in the fridge and leave to set.

3. To shape the truffles, you can either set the ganache in a square tin, lined with greaseproof paper and then cut into cubes, or you can create balls using a melon baller. I'd wear gloves to dust/roll the truffles as it can get quite messy. Roll/dust the truffles in whatever coating you want and pop back in the fridge to set before serving. You can also use coloured food dusts such as gold or silver for a more luxurious look.

MACARŴNS MANGO, PISTACHIO A CHOCONYT LEIM
MANGO, PISTACHIO AND LIME COCONUT MACAROONS

Fersiwn Asiaidd o glasur Prydeinig, y Macarŵn Cnau Coco. Mae ychwanegu'r mango, y chilli a'r leim yn gweddu'n berffaith gyda'r gymysgedd cnau coco ac yn rhoi 'twist' bach ffres i'r rhain.

This is an Asian spin on a British teatime classic, the Coconut Macaroon. The addition of mango, chilli and lime matches the coconut mixture like a dream and gives a refreshing twist to these sweet little treats.

Digon i 15   *Makes 15*

CYNHWYSION   INGREDIENTS

Siwgwr eisin, ac ychydig i ysgeintio	100g	Icing sugar, plus extra for dusting
Cnau coco sych	100g	Desiccated coconut
Cnau pistachio	35g	Pistachios, plus an additional 15 for decoration
Cnau almwn mâl	20g	Ground almonds
Gwyn wy mawr	2	Large egg whites
Pinsied o halen		Pinch of salt
Mango ffres	100g	Fresh mango, chopped
Mango wedi sychu	50g	Dried mango
Croen leim	2	Lime zest
Chilli coch	1	Red chilli

1. Twymwch y ffwrn i 160°C / Ffan 140°C / Nwy 3. Irwch un hambwrdd pobi mawr, neu ddau fach gydag ychydig o fenyn heb ei halltu.
2. Malwch y cnau pistachio yn fân mewn melin goffi neu sbeis ac yna eu rhoi mewn powlen gymysgu maint canolig.
3. Ychwanegwch y siwgwr eisin, y cnau almwn mâl, y cnau coco wedi sychu a'r croen leim at y cnau pistachio a'u cymysgu yn dda gyda chwisg.
4. Chwipiwch 2 wyn wy gyda phinsied o halen tan ei fod yn stiff.
5. Ychwanegwch yr wyau wedi'u chwipio i'r gymysgedd pistachio yn raddol tan fod y ddwy gymysgedd wedi cyfuno. Peidiwch â'i gymysgu'n ormodol. Ychwanegwch y mango ffres wedi'i dorri tuag at y diwedd.
6. Defnyddiwch lwy de i roi'r gymysgedd ar hambwrdd pobi gan wneud yn siŵr fod lle rhwng pob macarŵn.
7. Rhowch ddarn bach o fango a chnau pistachio neu sleis o chilli ar ben pob macarŵn, a'u pobi am 12 munud, neu tan eu bod wedi tostio yn ysgafn.
8. Gadewch y macarŵns i oeri cyn eu tynnu o'r hambwrdd pobi'n ofalus gyda chyllell baled.
9. Gorchuddiwch gyda digon o siwgwr eisin, a mwynhewch.

1. Preheat the oven to 160°C / Fan 140°C / Gas mark 3 and grease one large or two small baking sheets with a little unsalted butter.
2. Grind the pistachios in a coffee/spice grinder until fine and place in a medium sized mixing bowl.
3. Add icing sugar, ground almonds, coconut and the lime zest to the pistachios and mix thoroughly using a balloon/hand whisk.
4. Whisk 2 large egg whites with the pinch of salt until stiff.
5. Add the whisked egg whites to the pistachio mixture in stages until both mixtures are combined, being careful not to overmix. Add the chopped fresh mango towards the end.
6. Spoon the mixture onto the baking sheets using a teaspoon, making sure that there's space between each macaroon.
7. Place a small piece of dried mango and a pistachio or a thin slice of chilli on top of each macaroon, then bake for 12 minutes, or until lightly toasted.
8. Leave to cool on the baking sheets before removing with a palette knife/spatula.
9. Dust liberally with icing sugar and enjoy.

TIFFIN

Mae Tiffin yn rysáit eithaf hawdd ac yn ffordd wych o ddefnyddio hanner pacedi o ffrwythau wedi sychu neu gnau. Dwi wedi defnyddio wyau Pasg y merched i wneud Tiffin cyn heddiw... ond peidiwch â dweud wrthyn nhw! Dwi wedi ychwanegu fy rysáit ar gyfer mêl crwybr sy'n ychwanegu ansawdd a chrensh i'r Tiffin.

Tiffin is a relatively simple recipe and is a great way of using up any half packets of dried fruit and nuts. I've been known to make Tiffin using the girls' Easter eggs before too... but don't tell them that! I've added in my recipe for honeycomb to give the finished Tiffin some extra texture and crunch.

Digon i 16   *Serves 16*

CYNHWYSION   INGREDIENTS

Bricyll sych	150g	Dried apricot
Cnau pecan	100g	Pecan
Cyfran o fêl crwybr, rysáit isod	½	Quantity of honeycomb, see recipe below
Pinsied o sinamon mâl		A pinch of ground cinnamon
Siocled llaeth	100g	Milk chocolate
Siocled tywyll	100g	Dark chocolate
Menyn heb ei halltu	100g	Unsalted butter for greasing
Llwy fwrdd o surop euraidd	2	Tablespoons of golden syrup

CYNHWYSION Y MÊL CRWYBR   HONEYCOMB INGREDIENTS

Siwgwr mân	200g	Caster sugar
Llwy fwrdd o surop euraidd	5	Tablespoons of golden syrup
Llwy de o soda pobi	2	Teaspoons of bicarbonate of soda
Menyn heb ei halltu i iro		Unsalted butter for greasing

1. Irwch dun pobi sgwâr 20cm² gyda menyn.
2. Twymwch y siwgwr mân a'r surop euraidd gyda'i gilydd mewn sosban tan eu bod nhw'n toddi'n hylif ac yn troi'n garamel.
3. Tynnwch oddi ar y gwres ac ychwanegwch soda pobi i'r caramel, a chymysgwch yn sydyn cyn ei roi mewn tun pobi. Tip bach i chi – bydd y gymysgedd yn siŵr o ehangu'n sydyn, felly peidiwch â gorlenwi'r tun.
4. Gadewch i oeri am tua 45 munud.
5. Tra mae'r mêl crwybr yn oeri, torrwch gnau pecan a bricyll wedi eu sychu yn ddarnau tua hanner modfedd o faint, yna rhowch y cyfan mewn powlen gyda phinsied o sinamon. Unwaith mae'r mêl crwybr wedi oeri digon, torrwch yn ddarnau bach ac ychwanegwch hwnnw i'r bowlen hefyd.
6. Rhowch surop mewn sosban gyda siocled tywyll, siocled llaeth a menyn a thwymwch. Unwaith y bydd y cyfan wedi toddi cymysgwch y siocled i'r gymysgedd sych – hwn fydd y glud fydd yn dal y Tiffin at ei gilydd.
7. Rhowch y cyfan mewn tun pobi sgwâr 7 modfedd gan sicrhau fod y gymysgedd yn cael ei gwasgu i bob cornel o'r tun ac yn cael ei llyfnhau'n wastad, ac yna gosodwch yn yr oergell am o leiaf ddwy awr er mwyn iddo galedu.
8. Pan mae'r Tiffin yn barod, torrwch yn sgwariau a mwynhewch! Dylai gadw am o leiaf 5 diwrnod mewn tun wedi ei selio.

1. Grease a 20cm² square tin with butter and set aside.
2. Heat the sugar and syrup in a saucepan until all the sugar granules have dissolved and melted into caramel.
3. Take off the heat and then add bicarbonate of soda to the caramel and quickly stir before placing in a baking tin. Remember not to overfill the baking tin because the mix will quickly expand.
4. Leave to cool for around 45 minutes.
5. Whilst the honeycomb is cooling, roughly chop apricots and pecans into half inch chunks and put in a mixing bowl with a pinch of cinnamon. Once the honeycomb has cooled off, break into small pieces and add to bowl.
6. Place golden syrup, milk chocolate, dark chocolate and butter in a saucepan and heat. Once the mix has melted pour into the bowl with the dry mix – this will be the glue which holds your Tiffin together.
7. Place the mix into a 7 inch square tin and make sure you press the mixture into all the corners and smooth the top, then place in the fridge for at least 2 hours to harden.
8. Once the Tiffin is ready – cut into small squares and enjoy! It should last you at least 5 days if kept in an airtight container.

FLORENTINES

Pan oedden ni'n blant, roedd Dad yn arfer dod â Florentines yn ôl bob Nadolig ar ôl bod yn gweithio bant. Mae'r pethau bach gemog hyfryd yma wastad yn fy atgoffa i o'r Nadolig. Maen nhw'n addas trwy'r flwyddyn wrth gwrs, ac yn gwneud anrhegion hyfryd.

When we were children, Dad used to bring back Florentines every Christmas when he worked away as a little treat, and so these pretty bejewelled delights always remind me of Christmas. They're of course suitable to enjoy all year round and make a great edible gift for someone.

Digon i 26   *Makes 26*

CYNHWYSION · INGREDIENTS

Menyn	**75g**	Butter
Siwgwr brown	**75g**	Brown sugar
Mêl	**75g**	Honey
Blawd plaen	**75g**	Plain flour
Llugaeron sych	**40g**	Dried cranberries
Dêts wedi'u torri'n fân	**75g**	Dates, finely chopped
Naddion almwn	**40g**	Flaked almonds
Cnau pistachio wedi'u torri	**60g**	Pistachios, roughly chopped
Siocled gwyn	**100g**	White chocolate
Siocled llaeth	**100g**	Milk chocolate

1. Twymwch y ffwrn i 180°C / Ffan 160°C / Nwy 4. Leiniwch 4 hambwrdd pobi gyda 4 darn o femrwn pobi.
2. Mewn sosban, toddwch y menyn, y siwgwr a'r mêl.
3. Tynnwch y sosban oddi ar y gwres ac ychwanegwch y blawd, y llugaeron, y dêts a'r cnau i'r sosban a chymysgwch yn dda.
4. Er mwyn gwneud tua 26 o Florentines, rhowch lwyeidiau te o'r gymysgedd ar yr hambyrddau pobi gan adael digon o le iddyn nhw ymledu yn ystod y coginio.
5. Pobwch am 8–10 munud, neu tan eu bod nhw'n lliw euraidd.
6. Gadewch i'r Florentines oeri cyn eu codi. Os ydyn nhw'n rhy galed i'w codi, rhowch nhw yn ôl yn y ffwrn am ychydig funudau er mwyn iddyn nhw feddalu.
7. Bydd angen toddi'r siocled mewn powlenni ar wahân (100g o siocled gwyn a 100g o siocled llaeth) uwchben sosban o ddŵr sy'n mudferwi. Tynnwch y siocled oddi ar y gwres ar ôl iddo doddi a'i adael i oeri.
8. Rhowch y siocled ar ben y Florentines a'u gadael i oeri er mwyn setio cyn marcio rhesi igam-ogam ar y siocled gyda fforc. Storiwch mewn tun wedi'i selio.

1. Preheat the oven to 180°C / Fan 160°C / Gas mark 4 and line 4 baking sheets with baking parchment.
2. In a pan melt the butter, sugar and honey.
3. Remove from the heat and add flour, cranberries, dates and nuts to the pan and mix well.
4. To make around 26 Florentines, spoon teaspoonfuls of the mixture onto each of the prepared baking trays, leaving plenty of room for them to spread during cooking.
5. Bake for 8–10 minutes, or until golden brown.
6. Leave the Florentines to cool before lifting onto a cooling rack using a palette knife. If the Florentines become too hard to remove, then pop them back into the oven for a few minutes to allow them to soften.
7. Melt the chocolates (100g of white chocolate and 100g of milk chocolate) in separate bowls over a pan of simmering water until the chocolate has just melted. Remove from the heat and leave to cool further.
8. Spread a little melted chocolate over the flat base of each Florentine and leave to cool slightly before marking a zigzag in the chocolate with a fork. Leave to set, chocolate side up on a cooling rack before storing in an airtight tin.

BISCOTTI CNAU CYLL, FFIGYS A SIOCLED
HAZELNUT, FIG AND CHOCOLATE BISCOTTI

Mae coffi a Biscotti yn nefolaidd. Dwi'n aml yn cael un tra dwi mas yn gweithio i fynd gyda fy nghoffi. Maen nhw'n hynod o hawdd i'w gwneud os dwi angen cysur ac yn cadw'n dda mewn jar. Dwi'n aml yn eu gwneud fel anrhegion i ddweud diolch gan eu bod nhw'n ddeniadol mewn potyn wedi ei glymu gyda rhuban.

Coffee and Biscotti is a match made in heaven. I often treat myself to one if I'm out and about working and need a little sweet pick-me-up to go with my coffee. They couldn't be easier to make and store in a tin or a jar very well. I often make these as a thank you edible gift too as they look pretty in a large glass jar tied with some ribbon.

Digon i tua 40   *Makes around 40*

CYNHWYSION — INGREDIENTS

Blawd plaen	**350g**	Plain flour
Llwy de o bowdwr pobi	**2**	Teaspoons of baking powder
Siwgwr brown golau	**250g**	Light brown sugar
Wy	**3**	Eggs
Cnau cyll wedi tostio	**100g**	Toasted hazelnuts
Ffigys wedi sychu	**175g**	Dried figs, roughly chopped
Siocled tywyll	**200g**	Dark chocolate

1. Twymwch y ffwrn i 180°C / Ffan 160°C / Nwy 4. Leiniwch 2 hambwrdd pobi gyda memrwn pobi.
2. Mewn powlen fawr, hidlwch y blawd a'r powdwr pobi ac ychwanegwch y siwgwr a'r wyau a chymysgwch yn dda gan ddefnyddio'ch dwylo er mwyn creu toes.
3. Ychwanegwch y cnau a'r ffigys a gweithiwch y toes yn dda er mwyn cymysgu'r cynhwysion yn iawn.
4. Torrwch y toes yn 4 darn ar fwrdd gydag ychydig o flawd arno. Trowch bob tamaid yn siâp selsig, tua 20–30cm o hyd.
5. Bydd angen eu pobi nhw ar yr hambyrddau am 30 munud. Tynnwch nhw mas o'r ffwrn a gadael iddyn nhw oeri cyn eu trosglwyddo i resel. Trowch y ffwrn i lawr i 140°C / Ffan 120°C / Nwy 1.
6. Unwaith mae'r toes wedi oeri digon, defnyddiwch gyllell finiog a thorrwch y selsig yn lletraws mewn sleisys tua 2cm o drwch a'u gosod yn fflat ar yr hambwrdd pobi.
7. Pobwch am 20–25 munud, yna trowch y Biscotti drosodd a'u pobi am 20–25 munud arall. Gadewch iddyn nhw oeri'n gyfan gwbl cyn eu cadw mewn tun – fe allen nhw gael eu cadw am tua mis fel hyn.
8. Os ydych chi eisiau rhoi siocled ar y Biscotti gwnewch yn siŵr eu bod nhw wedi oeri'n gyfan gwbl gyntaf. Toddwch 200g o siocled ar wres isel ac arllwyswch y siocled i fŵg neu gwpan. Ar ôl gadael i'r siocled oeri am ychydig, trochwch y Biscotti gan adael i'r siocled ddiferu cyn eu gosod ar femrwn pobi i setio cyn eu pacio.

1. Preheat the oven to 180°C / Fan 160°C / Gas mark 4 and line 2 baking sheets with baking parchment.
2. In a large bowl, sieve the flour and baking powder and stir in light brown sugar, add the eggs and mix well, using your hands towards the end to bring the dough together.
3. Add toasted hazelnuts and figs and work the dough until the ingredients are evenly distributed.
4. Tip the dough onto a lightly floured surface and divide into 4 pieces. Dust your hands with flour and shape each piece into a sausage around 20–30cm long.
5. Place 2 on each tray and bake for 30 minutes. Remove from the oven and leave to cool slightly on the trays before transferring to a rack. Turn the oven down to 140°C / Fan 120°C / Gas mark 1.
6. Once the dough has cooled enough for you to handle, using a sharp knife, cut the sausages on the diagonal into slices around 2cm thick and lay them flat on the baking sheet.
7. Bake for another 20–25 minutes then turn the Biscotti over and bake for another 20–25 minutes. Leave to cool completely on a rack before storing in an airtight tin. They can be kept like this for one month.
8. To half dip the Biscotti in chocolate, wait until the Biscotti have cooled completely. Melt 200g of dark chocolate over a low heat until just melted. Transfer the chocolate to a mug – or something that has enough depth to dip half a Biscotti. Leave the chocolate to cool a little then dip the Biscotti, leaving the chocolate to drip off and stop dripping, before placing on some baking parchment paper to set before packaging.

CACENNAU MOCHA GYDA HUFEN LATTE
MOCHA CAKES WITH LATTE BUTTERCREAM

Dyma fy fersiwn i o gacen goffi – ar ffurf siocled! Mae mocha wedi ei weini gyda hufen latte yn berffaith ar gyfer bore coffi neu fel pwdin moethus.

This is my take on a coffee cake – in chocolate form! The classic mocha drink served with a latte buttercream is a perfect coffee morning partner, or an indulgent dessert.

Digon i 12 *Makes 12*

CYNHWYSION Y CACENNAU — CAKE INGREDIENTS

Blawd plaen	**265g**	Plain flour
Menyn meddal	**150g**	Soft butter
Siwgwr brown tywyll	**415g**	Dark brown sugar
Wy	**3**	Eggs
Powdwr coco	**75g**	Cocoa powder
Coffi cryf, oer	**300ml**	Cold, strong coffee
Llwy de powdwr pobi	**½**	Teaspoon baking powder
Llwy de soda pobi	**1½**	Teaspoons bicarbonate of soda

CYNHWYSION YR HUFEN — BUTTERCREAM INGREDIENTS

Gwyn wy mawr	**6**	Large egg whites
Siwgwr brown golau meddal	**350g**	Soft light brown sugar
Menyn heb ei halltu wedi'i giwbio'n fân	**450g**	Unsalted butter at room temperature cut into small cubes
Llwy fwrdd o goffi parod, wedi hydoddi mewn 2 lwy fwrdd o ddŵr twym	**1**	Tablespoon of instant coffee, dissolved in 2 tablespoons of warm water

1. Irwch a leiniwch dun myffin sydd ag 18 twll gyda darn bach o bapur gwrthsaim. Twymwch y ffwrn i 180°C / Ffan 160°C / Nwy 4.

2. Cymysgwch y menyn gyda'r siwgwr cyn ychwanegu'r 3 wy yn raddol. Hidlwch y blawd, y powdwr coco, y powdwr pobi a'r soda pobi a'u hychwanegu i'r gymysgedd menyn, siwgwr ac wy bob yn ail â'r coffi. Unwaith mae popeth wedi cymysgu gyda'i gilydd yn dda, rhannwch rhwng y tuniau a'u pobi ar silff ganol y ffwrn am 20–30 munud, neu tan ddaw sgiwyr mas yn lân. Gadewch i oeri yn gyfan gwbl ar resel weiren.

3. Ar gyfer yr hufen, gosodwch sosban gyda 2 fodfedd o ddŵr ar yr hob tan ei fod yn mudferwi. Gwahanwch y gwyn wy mewn powlen fetel ac ychwanegwch y siwgwr a'i osod dros y sosban o ddŵr sy'n mudferwi. Chwipiwch y gwyn wy tan fod y siwgwr wedi toddi. Fe wnaiff hyn gymryd tua 2 neu 3 munud. Rhowch beth o'r gymysgedd rhwng eich bysedd i weld a yw'r siwgwr wedi toddi.

1. Grease and line 18 muffin tins with a small round or square of greaseproof paper on the bottom, and preheat the oven to 180°C / Fan 160°C / Gas mark 4.

2. Cream together the butter and sugar until pale and light, then gradually add in the eggs. Sieve together the flour, cocoa powder, baking powder and bicarbonate of soda and add to the butter, sugar and egg mixture in small quantities alternately with the coffee. Once combined, divide the mixture between tins and bake on the middle shelf of the oven for 20–30 minutes, or until a skewer inserted comes out clean. Leave to cool completely on a wire rack.

3. For the buttercream, place a medium saucepan with 2 inches of water onto the hob and heat to simmering. Separate the egg whites into a metal bowl and add the sugar and place over the saucepan of simmering water. Using a whisk, stir the egg whites constantly to prevent them cooking until the sugar has dissolved. This will take 2–3 minutes, and you can check by rubbing a small amount of the mixture between your fingers to see if all the sugar has dissolved.

4. Unwaith mae'r siwgwr wedi toddi, chwipiwch y gwyn wy tan eu bod nhw'n stiff ac yn sgleiniog a'r bowlen yn oer. Gan chwipio ar y cyflymder isaf, ychwanegwch y menyn un darn ar y tro. Parhewch i gymysgu ar gyflymder isel tan fod y meringue a'r menyn wedi ffurfio hufen esmwyth. Yn awr, ychwanegwch y blas coffi.

5. Rhowch yr hufen mewn bag peipio gyda thrwyn siâp seren. Peidiwch â gorlenwi'r bag gan y bydd yn anodd i'w drafod. Torrwch y cacennau yn eu hanner a llenwch gyda'r hufen. Rhowch hanner arall y gacen ar ei ben a pheipiwch ychydig bach mwy o'r hufen i addurno.

6. Gosodwch facaron bach ar y top i'w orffen.

4. Once the sugar has dissolved, whisk the egg whites until stiff and glossy and the bowl is cool to touch. Whisking at the lowest speed, add the butter one piece at a time, very slowly. Continue mixing on lowest speed until meringue and butter have emulsified into a silky smooth buttercream. There will be a point where the mixture will look curdled, but be patient, it will come together. At this point, add the coffee flavouring.

5. Place the buttercream in a piping bag fitted with a star nozzle; don't overfill the bag as it will be difficult to handle. Cut the cakes in half and fill with some of the buttercream, place the other half of cake on top and pipe a small amount of buttercream to decorate.

6. Finish with a mini macaron.

PICE NAN

NAN'S DARK CHOCOLATE AND ORANGE WELSH CAKES

Amrywiad ar y Pice ar y Maen traddodiadol mae Nan yn eu gwneud yw hwn. Mae ychwanegu'r siocled tywyll, y croen oren a'r sinsir yn rhoi blas 'chwaneg i'r rhain. Maen nhw'n hyfryd wedi'u gweini'n dwym.

This is a slight twist on the traditional Welsh Cake recipe that my Nan makes. The addition of bitter dark chocolate chips with orange zest, candied peel and warming ginger make these Welsh Cakes very moreish. They're obviously absolutely delicious served warm.

Digon i 32   *Makes 32*

CYNHWYSION / INGREDIENTS

Blawd codi	**225g**	Self-raising flour
Lard oer wedi'i dorri'n giwbiau	**30g**	Lard (vegetable fat), cold and cubed
Menyn heb ei halltu wedi'i giwbio'n fân	**70g**	Unsalted butter, cold and cubed
Siwgwr mân	**110g**	Caster sugar
Sglodion siocled tywyll	**100g**	Dark chocolate chips
Croen oren candi	**35g**	Candied orange peel, finely chopped
Croen oren	**1**	Zest of large orange
Llwy de o sinsir mân	**1**	Teaspoon of ground ginger
Wy (wedi ei guro gyda llaeth)	**1**	Egg (beaten with a little milk)
Llwy fwrdd o surop euraidd	**½**	Tablespoon of golden syrup

1. Rhowch eich maen neu badell ffrio ar yr hob dros wres isel.
2. Hidlwch y blawd a'r sbeisys i bowlen fawr, yna rhwbiwch y lard a'r menyn tan fod y gymysgedd yn edrych fel briwsion bara. Cymysgwch y siwgwr i mewn gyda'r ffrwythau, y siocled tywyll, yr wy a'r surop. (Mae Nan yn awgrymu i chi dwymo'r surop yn gyntaf i'w wneud yn haws ei gymysgu gyda gweddill y cynhwysion.)
3. Dewch â'r gymysgedd at ei gilydd i ffurfio toes – peidiwch â'i orweithio. Unwaith mae'r gymysgedd wedi dod at ei gilydd, rholiwch allan i drwch o 1cm ar fwrdd wedi ei orchuddio gydag ychydig o flawd.
4. Torrwch gylchoedd o 4cm, irwch eich maen neu badell ffrio gyda menyn a choginiwch y pice tan eu bod nhw'n lliw cneuen. Peidiwch â gorlenwi'r badell ac irwch cyn rhoi mwy i mewn. Unwaith maen nhw wedi coginio, ysgeintiwch siwgwr dros eu pennau cyn eu gweini.
5. Gallwch eu bwyta'n dwym neu'n oer.

1. Place your bakestone or heavy frying pan on the hob to a low heat.
2. Sift the flour and spices into a large bowl, and rub the butter and lard into the flour until the mixture looks like breadcrumbs. Mix in the sugar, fruit and chocolate chips and then add the beaten eggs and golden syrup. (My Nan suggests heating the syrup slightly so that it is easier to mix into the other ingredients.)
3. Bring the mixture together to form a ball of dough – do not overwork the mixture. Tip the dough onto a lightly floured surface and roll out to 1cm thickness.
4. Cut out into 4cm rounds, grease your bakestone/frying pan with a little butter and cook your Welsh cakes until they are a 'nut brown'. Don't overcrowd the pan and grease the pan in between every batch. Once baked, sprinkle liberally with sugar and serve.
5. Can be served warm from the bakestone or cold.

CINIO A PHICNIC

Os 'chi wedi danto ar fwyta brechdanau neu salad i ginio, beth am sbwylio'ch hunain gyda rhai o'r ryseitiau lysh yma? Fe allwch chi eu mwynhau gartref neu gwnewch bawb yn genfigennus yn y cantîn amser cinio os 'chi moyn gyda fy Mhorc Pei Cartref. Ar gyfer rhywbeth ysgafnach, byddai'r Cawl Pys a Ham yn rhoi cwtsh mawr i chi, ac yn berffaith gyda thamaid o fara cartref. Mae'r merched wrth eu boddau gyda'r Cawl Pupur Coch yn syth o'r fflasg, yn enwedig pan y'n ni mas yn cerdded i gadw'n dwym!

LUNCH AND PICNIC

Fed up of sandwiches or a sad salad for lunch? Then why not treat yourself to one of these lush lunches! Not only can you enjoy them at home, but they're all portable and will surely make you the envy of the staff canteen when you whip out a Homemade Pork Pie. If you fancy something lighter but comforting, then my Pea and Ham Soup will give you a big cwtch – perfect served with a slice of homemade bread and butter. My girls are huge fans of the Roasted Red Pepper Soup, especially when we're out and about walking and they can enjoy a warm bellyfull of soup straight from the flask!

PICE HAM CAERFYRDDIN A CHAWS CAERFFILI
CARMARTHEN HAM AND CAERPHILLY CHEESE WELSH CAKES

Amrywiad arall ar rysáit traddodiadol Nan, Pice ar y Maen sawrus! Maen nhw'n hyfryd fel canapes bach, wedi'u gweini'n dwym gyda siytni, neu'n gwneud cinio bach gwahanol – gwnewch nhw'n fwy a rhowch wy wedi ei botsio ar eu pennau.

Here's another twist on my Nan's traditional Welsh Cake recipe, but this time I've gone savoury! I think that they make delicious little canapes, served warm with some chutney, or a great alternative for lunch – just make them slightly larger and serve them with a poached egg on top.

Digon i 32   *Makes 32*

CYNHWYSION   INGREDIENTS

Cymraeg		English
Blawd codi	**225g**	Self-raising flour
Menyn hallt, yn syth o'r oergell wedi'i dorri'n giwbiau	**100g**	Salted butter, cold and cubed
Caws Caerffili wedi ei friwsioni	**150g**	Caerphilly cheese, crumbled
Ham Caerfyrddin neu Parma ham, wedi'i dorri'n fân	**70g**	Carmarthen ham or Parma ham, chopped small
Ychydig o halen a phupur		Salt and pepper
Wy (wedi ei guro gydag ychydig o laeth)	**1**	Egg (beaten with a little milk)
Llwy fwrdd o olew olewydd	**1**	Tablespoon olive oil
Menyn i iro		Butter to grease

1. Twymwch eich maen neu badell ffrio ar yr hob ar wres isel.

2. Rhowch y blawd mewn powlen gyda'r halen a phupur a rhwbiwch y menyn i mewn tan fod y gymysgedd yn edrych fel briwsion bara. Malwch y caws Caerffili ac ychwanegwch yr ham Caerfyrddin i'r gymysgedd gyda'r wy wedi ei guro ac olew olewydd. Dewch â'r gymysgedd at ei gilydd yn y bowlen i ffurfio toes – ond peidiwch â gorweithio'r gymysgedd.

3. Dodwch y toes ar fwrdd wedi ei orchuddio gyda blawd a'i rolio i drwch o 1cm. Torrwch gylchoedd o 3cm, neu ychydig bach yn fwy os byddwch chi'n eu gweini gydag wy wedi ei botsio i ginio.

4. Irwch eich maen neu badell ffrio gyda menyn a choginiwch y pice tan eu bod nhw'n lliw cneuen. Peidiwch â rhoi gormod yn y badell ar unwaith ac irwch cyn ei hail-lenwi gyda mwy o'r pice.

5. Maen nhw ar eu gorau o'u gweini'n dwym.

1. Pop your bakestone or heavy frying pan on the hob on a low heat.

2. Place the flour into a large bowl and add the salt and pepper; rub the butter into the flour until the mixture looks like breadcrumbs. Crumble in the Caerphilly cheese, add the Carmarthen ham and then add the beaten egg and olive oil. Bring the mixture together in the bowl to form a dough – don't overwork the mixture.

3. Tip the dough onto a lightly floured surface and roll out/flatten to 1cm thickness. Cut out 3cm rounds, or slightly bigger if you're serving them with a poached egg for lunch.

4. Grease your bakestone/frying pan with a little butter and cook your Welsh Cakes until they are a 'nut brown'. Don't overcrowd the pan and grease the pan lightly in between every batch.

5. Best served warm.

WYAU SGOTAIDD PENFRAS GYDAG AIOLI
SALT COD SCOTCH EGGS AND AIOLI

Dwi'n caru wyau Sgotaidd – yn wir, mae'r holl deulu wrth eu bodd gyda nhw. Mae'r fersiwn yma yn un arbennig sy'n defnyddio'r gorau o gynhwysion Sbaenaidd wedi eu cyfuno gyda'r byrbryd clasurol Prydeinig. I'w gweini, dwi'n gwneud aioli gyda garlleg wedi rhostio. Gwych ar gyfer picnic neu fel cwrs cyntaf – mae hwn hefyd yn gwneud canape bach difyr.

I love Scotch eggs – in fact, the whole family loves them and there's nothing tastier than a homemade Scotch egg – so satisfyingly scrummy and not too difficult to make. This is a pimped up version that I serve with a moreish aioli made with roasted garlic. A great picnic addition or starter – this also makes a rather cheeky canape.

Digon i 8   *Makes 8*

CYNHWYSION		INGREDIENTS
Penfras hallt	**500g**	Wet salt cod (bacalao), soaked overnight
Llaeth	**250ml**	Milk
Tatws Maris Piper	**3–5**	Maris Piper potatoes
Llwy fwrdd o olew olewydd	**3**	Tablespoons of olive oil
Halen a phupur		Salt and pepper to season
Wy	**12**	Medium eggs
Finegr gwin gwyn		White wine vinegar
Blawd plaen	**150g**	Plain flour
Briwsion bara panko	**300g**	Panko breadcrumbs
Olew llysiau ar gyfer ffrio		Vegetable oil for frying

CYNHWYSION AIOLI		AIOLI INGREDIENTS
Bylb garlleg bach	**1**	Small bulb of garlic
Melyn wy	**1**	Egg yolk
Llwy de o sudd lemwn	**2**	Teaspoons of lemon juice
Llwy de o halen	**½**	Teaspoon of salt
Olew olewydd	**175ml**	Olive oil
Llond llaw o bersli ffres wedi'i dorri		Small handful of fresh parsley, finely chopped

1. I wneud yr aioli – torrwch ben y bylb garlleg a'i sesno gyda halen ac olew a'i rostio mewn ffwrn ar dymheredd o 160°C / Ffan 140°C / Nwy 3 am tua 20–30 munud. Gadewch i oeri cyn ei falu yn bast. Ychwanegwch y garlleg i brosesydd bwyd gyda'r melyn wy a'r sudd lemwn. Trowch y peiriant ymlaen tan fod popeth wedi cymysgu yn dda. Ychwanegwch olew yn raddol tan fod y saws o drwch mayonnaise. Cyn ei weini, rhowch bersli wedi ei dorri ar ei ben. Gorchuddiwch yn yr oergell tan fyddwch chi'n barod i'w weini.

2. I wneud yr wy mewn penfras – rhowch y penfras a'r llaeth mewn sosban dros wres canolig a'i goginio am tua 10 munud. Tynnwch y penfras o'r llaeth a'i haenu i mewn i bowlen, gan gadw'r llaeth ar gyfer y gymysgedd nes 'mlaen. Pliciwch a berwch y tatws mewn dŵr â halen ynddo tan eu bod nhw wedi coginio, a'u hychwanegu i'r pysgodyn yn y bowlen ynghyd ag olew olewydd ac ychydig o halen a phupur. Ychwanegwch ddiferyn o laeth os yw'r gymysgedd yn rhy sych – does dim angen cymysgedd wlyb, dylai fod yn gadarn ond ddim yn sych. Rhannwch y gymysgedd yn 10 pelen hafal a'u gosod yn yr oergell i oeri.

1. To make the aioli, cut the top off the garlic bulb, season with salt and drizzle with oil and roast at 160°C / Fan 140°C / Gas mark 3 for around 20–30 minutes. Cool before removing the cloves and chop into a paste. Add the garlic into a food processor along with the egg yolk and lemon juice. Turn the machine on so that everything is well mixed. Slowly drizzle in the oil and the mixture should turn to a 'mayonnaise' like consistency. Before serving add the finely chopped parsley and taste to check the seasoning. Keep covered in the fridge until needed.

2. For the Scotch eggs, place the cod and milk in a saucepan over a medium heat and cook for around 10 minutes. Remove the cod from the milk and flake into a bowl, reserving the milk for later. Next, peel and boil the potatoes in salted water until cooked and add to the fish in the bowl along with the olive oil and a little seasoning. Add a small amount of milk if the mixture is too dry, but not too much. Divide the mixture into 10 balls and place in the fridge to chill.

3. Gosodwch yr wyau mewn sosban gyda diferyn o finegr a dŵr oer. Dewch â'r dŵr i'r berw a choginio am 4 munud. Tynnwch yr wyau o'r sosban a'u rhoi mewn powlen o ddŵr oer. Pliciwch yr wyau yn ofalus.

4. I'w paratoi, rhowch y blawd a'r briwsion bara mewn powlenni ar wahân a churwch y 2 wy sydd yn weddill mewn powlen arall. Tynnwch y peli penfras o'r oergell a'u ffurfio'n siâp cylch fflat, digon mawr i orchuddio'r wyau. Lapiwch yr wyau a thaenu blawd dros y peli penfras yna'r wy wedi'i guro. Gwnewch hyn gyda'r wyau i gyd, yna eu gorchuddio gyda mwy o flawd cyn y briwsion bara. Rhowch yn yr oergell tra bod yr olew yn twymo. Twymwch yr olew i 150°C a ffrïwch yr wyau fesul swp; fe ddylen nhw goginio mewn tua 4 munud a throi'n euraidd. Tynnwch mas o'r olew gyda llwy â thyllau ynddi a'u gadael i ddraenio ar bapur cegin. I'w gweini gyda sleisys o lemwn a'r aioli. Nefoedd.

3. Place the eggs in a saucepan with a dash of vinegar and cold water. Bring to a boil and cook for 4 minutes then remove the eggs and place in a bowl of ice-cold water. Carefully peel the eggs.

4. To assemble, place the flour and breadcrumbs in separate bowls and whisk the remaining 2 eggs in another. Remove the cod balls from the fridge and carefully pat the balls out into a round flat shape, big enough to cover an egg. Wrap the eggs then dust the cod 'balls' in the flour, then the beaten egg and finally the breadcrumbs. You can double dip the eggs in the egg and breadcrumbs if you want. Pop in the fridge whilst the oil heats up. Heat the oil to 150°C and fry the eggs in batches; they should take around 4 minutes to turn golden. Remove with a slotted spoon and leave to drain on some kitchen roll. Serve with some lemon wedges and the roasted garlic aioli. Heaven.

EMPANADAS
CHORIZO, PEPPER AND POTATO EMPANADAS

Dyma fy fersiwn i o bastai Sbaenaidd – Empanadas. Gallwch eu gweini gyda salad gwyrdd ar gyfer amser cinio, neu maen nhw'n berffaith ar gyfer picnic. Tapas gwych i'w fwynhau gyda chwrw oer.

My version of a Spanish pasty – Empanadas. Serve with a green salad for an alternative lunch or perfect to take on a picnic. A great tapas treat to be enjoyed with a cold beer.

Digon i 6–8   Serves 6–8

LLENWAD EMPANADAS		EMPANADA FILLING
Chorizo wedi'i dorri'n fân	**150g**	Chorizo, cut into small cubes
Winwnsyn gwyn mawr wedi'i dorri'n fân	**1**	Large white onion, finely chopped
Pupur – unrhyw liw, wedi'i dorri'n fân	**1½**	Peppers – any colour, cut into small cubes
Olew olewydd		Olive oil
Ewin garlleg mawr	**2**	Large cloves of garlic
Llwy de o halen	**½**	Teaspoon of salt
Llwy de o oregano wedi sychu	**¾**	Teaspoon of dried oregano
Tatws Charlotte – wedi'u plicio a'u torri'n giwbiau	**150g**	Waxy potato, like Charlotte, peeled and cubed
Wy i roi sglein	**1**	Egg to glaze
Toes empanada, rysáit ar dudalen 210	**1**	Quantity of empanada dough, page 210

1. I wneud y llenwad, torrwch y cynhwysion uchod a dechreuwch ffrio'r chorizo mewn olew olewydd am tua 3–5 munud dros wres canolig. Tynnwch oddi ar y gwres gan ddefnyddio llwy gyda thyllau ynddi. Gosodwch mewn powlen tra byddwch chi'n coginio gweddill y cynhwysion.
2. Ffrïwch y winwns am tua 8–10 munud tan eu bod yn feddal. Peidiwch â'u llosgi, mae angen i siwgwr naturiol y winwns felysu wrth goginio.
3. Ychwanegwch y pupur a'i ffrio am 5 munud arall cyn ychwanegu'r garlleg, yr halen a'r perlysiau a'u tro-ffrio am 2–3 munud eto.
4. Ychwanegwch y tatws a gorchuddiwch. Trowch y gymysgedd bob hyn a hyn a'i gadael i goginio am tua 8 munud, neu tan fod y tatws yn dechrau meddalu. Ychwanegwch y chorizo yn ôl i'r badell. Gallwch ychwanegu naddion chilli os dymunwch.
5. Unwaith mae'r gymysgedd wedi coginio, tynnwch oddi ar y gwres a'i gadael i oeri'n gyfan gwbl.
6. Twymwch y ffwrn i 200˚C / Ffan 180˚C / Nwy 6 a leiniwch hambwrdd pobi gyda phapur gwrthsaim.
7. Rholiwch hanner y toes i drwch o 3–4mm ar fwrdd wedi ei orchuddio gydag ychydig o flawd. Gan ddefnyddio plât bach neu dorrwr tua 10cm, torrwch gylchoedd o'r toes. Rhowch ychydig o'r llenwad yng nghanol y cylchoedd ond peidiwch â'u gorlenwi neu byddwch chi'n methu selio'r empanadas!

1. To make the filling, cut all your ingredients as stated above and begin by frying the chorizo cubes in a little olive oil for around 3–5 minutes over a medium heat. Remove from the pan using a slotted spoon and place in a bowl while you cook the remaining ingredients.
2. Fry the onion for around 8–10 minutes until soft, making sure that the heat isn't too high and it doesn't burn – you want the natural sugars of the onion to sweeten as they cook.
3. Next add the peppers and fry for a further 5 minutes then add the garlic, salt and herbs, stir-frying for a further 2–3 minutes.
4. Add the potatoes and cover, stirring occasionally and cooking for around 8 minutes, or until the potatoes start to soften, but don't break down. Add the chorizo back into the pan and taste to check the seasoning. You can add some chilli flakes too if you wish.
5. Once cooked, remove from the heat and leave to cool completely.
6. Preheat the oven to 200˚C / Fan 180˚C / Gas mark 6 and line a baking sheet with some greaseproof paper.
7. To assemble the empanadas, roll half of the dough out on a lightly floured surface until it's around 3–4mm thick. Using a small plate or a cutter measuring around 10cm, cut out rounds of dough, collecting any scraps to roll out again later. Spoon some of the filling into the middle of the dough rounds – don't be tempted to overfill, otherwise you won't be able to seal the empanadas!

8. Brwsiwch ychydig o wyn wy o amgylch ymylon y toes a'u plygu i edrych fel hanner lleuad. Seliwch gyda'ch bysedd a phlygu'r ymyl neu ddefnyddio fforc i roi patrwm bach pert i'ch empanadas.

9. Gosodwch ar yr hambwrdd pobi. Brwsiwch bob un gydag wy wedi ei guro a'u pobi am tua 15–20 munud tan eu bod yn euraidd.

10. I'w gweini'n dwym fel cwrs cyntaf neu'n ychwanegiad da ar gyfer picnic.

8. Brush a little egg white around the edges of the dough and fold the dough over so that it now looks like a half moon. Seal the edges with your fingers and then twist/fold the edge over or use a fork to make a pretty edge to your empanadas.

9. Place on your prepared baking sheet. Use up all of the filling and dough, then brush a little beaten egg onto each empanada and bake in the oven for around 15–20 minutes, until golden brown.

10. Serve warm – they make a great starter or an alternative addition to a picnic.

PORC PEIS
PORK PIES

Porc pei glasurol gyda 'twist' ychwanegol o ddefnyddio perlysiau ffres. I'w gweini'n oer gyda phicl. Lysh.

A classic pork pie with the added twist of some fresh and fragrant herbs. Serve cold with a pickle. Absolutely lush.

Digon i 6 pei   *Makes 6 pies*

LLENWAD   FILLING

Mins porc	**100g**	Pork mince
Porc o'r bol	**40g**	Belly pork, diced
Sleisys o facwn wedi mygu	**2**	Rashers smoked bacon
Ewin garlleg	**1**	Garlic clove, finely chopped or minced
Llwy de o deim, rosmari a hadau ffenigl	**½**	Teaspoon each of fresh thyme, rosemary and fennel seeds
Halen a phupur		Salt and pepper
Stoc cyw iâr	**50ml**	Chicken stock
Dail gelatin	**2**	Gelatine leaves
Crwst porc pei, rysáit ar dudalen 211	**1**	Quantity of hot water crust pastry, page 211

1. I wneud y llenwad porc, torrwch y cig porc o'r bol a'r bacwn yn ddarnau bach (gyda siswrn os yw'n haws). Rhowch mewn powlen gyda'r mins, yr halen, y pupur, y garlleg a'r perlysiau a'u cymysgu yn dda. Gorchuddiwch gyda cling ffilm a'i roi yn yr oergell.

2. Twymwch y ffwrn i 180°C / Ffan 160°C / Nwy 4 ac irwch duniau myffins gyda menyn. Rhowch bapur gwrthsaim ar waelod pob twll.

3. Rhannwch y toes yn 6 pelen a'u cadw wedi eu gorchuddio am nawr. Defnyddiwch un belen ar y tro a thorrwch chwarter y toes i ffwrdd ar gyfer caead y pei. Gorchuddiwch hwn hefyd tan fod ei angen. Gwnewch y toes yn fflat cyn ei rolio tan ei fod yn ddigon mawr i lenwi'r twll myffins. Pwyswch y toes i'r corneli gan wneud yn siŵr nad oes aer oddi tano. Ailadroddwch gyda'r 5 pelen arall.

4. Rhannwch y llenwad porc yn 6 pelen a'u gosod yn y casys pei. Curwch wy gyda phinsied o halen i'w ddefnyddio fel glud a sglein. Gan ddefnyddio torrwr cylch o'r un maint â'r cas, torrwch 6 caead o'r toes sydd yn weddill. Torrwch dwll bach ym mhob caead gyda chyllell finiog. Gludwch bob caead i'r peis gyda'r wy wedi ei guro. Seliwch y caead wrth wasgu'r ochrau gyda'ch bysedd. Rhowch sglein ar y peis gyda'r wy wedi ei guro a phobwch am 45–55 munud tan eu bod yn euraidd.

1. To make the pork filling, chop the belly pork and bacon into small pieces (I use a pair of scissors to cut the bacon as it makes life easier). Put into a bowl along with the pork mince, salt, pepper, garlic and the herbs and mix it all together. Cover with some cling film and pop it in the fridge until needed.

2. Preheat your oven to 180°C / Fan 160°C / Gas mark 4, and grease the muffin tins with a little butter and line the bottom of each muffin hole with a small disc of greaseproof paper.

3. Divide the dough into 6 balls and keep them covered while you work. Take one ball at a time and tear off a quarter of the dough for the pie lid. Keep this covered too until needed. Flatten the dough slightly and then roll it out until you have a disc that is big enough to fill the muffin hole and come up the sides. Press the dough in snugly into the corners, ensuring no air is trapped underneath. Repeat with the remaining 5 balls.

4. Next, divide the pork filling into 6 balls and place into the pie cases. Beat an egg with a pinch of salt ready to use as glue and a glaze for the tops of the pies. Using a round cutter that is roughly the same size as the top of your pie cases, cut out 6 lids from the leftover dough. Cut a small hole in the lids using a small cutter or a sharp knife. Stick the lids to the pies using a little egg wash. Seal the lids by crimping the edges using your fingers. Glaze your pies with the egg wash and then bake in the oven for 45–55 minutes, until they are golden brown on top.

5. Tra mae'r peis yn pobi, paratowch y jeli trwy socian dail gelatin mewn dŵr oer a gwnewch y stoc trwy ddilyn y cyfarwyddiadau ar y paced. Arllwyswch 50ml o'r stoc i sosban a dod â fe i'r berw. Fel mae'n berwi, tynnwch oddi ar yr hob ac ychwanegwch y dail gelatin meddal. Trowch yr hylif tan fod y dail wedi toddi.

6. Unwaith mae'r peis wedi pobi, gadewch i oeri am 5 munud cyn eu tynnu o'r tun a'u gosod ar resel weiren. Ychwanegwch y jeli'n raddol i'r peis gan ddefnyddio llwy de. Gadewch y peis i oeri'n gyfan gwbl a'u rhoi yn yr oergell i alluogi'r jeli i setio.

5. While the pies are baking, prepare the jelly by soaking the gelatine leaves in cold water and making up the stock according to the packet instructions. Pour 50ml of the prepared stock into a small saucepan and bring to the boil. As soon as it boils, take the stock off the heat and add the softened gelatine leaves, stirring the liquid until the leaves have dissolved.

6. Once the pies are baked, leave to cool for 5 minutes before removing from the tin and place on a cooling rack. Gradually add the jelly to the pies using a teaspoon. Leave the pies to cool completely, putting them in the fridge to help set the jelly.

CAWL PYS A HAM
PEA AND HAM SOUP

Dyw'r cyfuniad clasurol o ham a phys byth yn ffaelu plesio. Dwi'n defnyddio stoc sy'n weddill o ferwi'r gamwn i goginio'r pys i roi blas a dyfnder da i'r cawl. Mae'n berffaith i'w weini gyda ham a thamaid o fara gwyn wedi ei blastro gyda menyn (rysáit ar dudalen 14).

The classic combination of ham and peas never fails to please. In my soup I use the stock from boiling the gammon to cook the dried and frozen peas to give the soup a good depth of ham flavour. A cracking lunch, simply served with some of the ham and my white bread (recipe page 14) slathered with butter.

Digon i 8   *Serves 8*

CYNHWYSION   INGREDIENTS

Ham neu gamwn	**1kg**	Ham or gammon
Pys gwyrdd sych, wedi eu socian dros nos	**350g**	Split green peas, soaked overnight
Winwns wedi'u torri'n fân	**2**	Onions, chopped
Moron wedi'u torri'n fân	**2**	Carrots, chopped
Helogan wedi'u torri'n fân	**2**	Sticks of celery, chopped
Deilen bae	**3**	Bay leaves
Pys petit pois wedi rhewi	**500g**	Frozen petit pois peas
Halen i sesno		Salt to season

1. Gosodwch yr ham mewn sosban fawr a'i orchuddio gyda dŵr oer a dod â fe i'r berw. Yna, tynnwch y cig mas a chael gwared â'r dŵr.
2. Gosodwch yr ham yn ôl i mewn i'r sosban a'i orchuddio gyda dŵr oer unwaith eto cyn ei ddychwelyd i'r berw eto.
3. Ychwanegwch yr holl gynhwysion heblaw am y pys wedi rhewi a'i fudferwi am 1½–2 awr.
4. Pan mae'r cig yn feddal tynnwch o'r sosban. Yn awr, gallwch roi'r pys wedi rhewi i mewn a'i ddychwelyd i'r berw.
5. Tynnwch y dail bae mas, a blendio'r gymysgedd tan ei bod yn esmwyth. Blaswch ac addasu os oes angen.
6. Tynnwch y braster oddi ar yr ham, a'i dorri'n fân gan roi'r rhan fwyaf ohono yn ôl yn y cawl, gan gadw digon o gig i addurno'r pryd terfynol.
7. I'w weini'n dwym gyda bara menyn.

1. Place the ham into a large saucepan, cover with cold water and bring to a boil then remove the meat and get rid of the water.
2. Place the ham back in the pan and cover with cold water again, and bring to a boil again.
3. Add in all the ingredients except the frozen peas and simmer for 1½–2 hours.
4. Check the meat; when the meat is soft and tender remove it from the pan. At this point you can add in the frozen peas and bring back up to temperature.
5. Remove the bay leaves then blend until smooth. Check the seasoning and adjust if necessary.
6. Remove the fat from the ham and shred into small pieces. Add the majority back into the soup, reserving enough meat to garnish the finished dish.
7. Serve hot with some crusty bread and butter.

CAWL PUPUR COCH A CHILLI
ROASTED RED PEPPER AND CHILLI SOUP

Mae fy nheulu wrth eu boddau gyda'r cawl yma, a bydd Mam yn aml yn ei wneud os fyddwn ni draw yno. Mae'r rysáit yma yn gofyn i chi rostio'r cynhwysion, ychwanegu'r stoc a blendio popeth. Yn dibynnu ar y math o chillis sydd gennych, gall hwn fod yn gawl twym iawn! Dwi'n gweini'r cawl gyda'r bara corn sydd ar dudalen 30. Mae'n berffaith i'w roi mewn fflasg i'ch twymo tra byddwch chi mas yn cerdded.

A family favourite soup that Mam makes often for us to have for lunch. What I love about this recipe is the fact that you roast the ingredients, then add stock and blitz. Depending on the chillies you have, this soup could be quite the firecracker! I like to serve it with my cornbread on page 30, and I think it's a really good soup to take in a flask to enjoy if you're out and about walking and need something to warm you up.

Digon i 4   *Serves 4*

CYNHWYSION   INGREDIENTS

Pupur coch	**4–5**	Red peppers
Winwnsyn mawr	**1**	Large onion
Ewin garlleg	**2**	Garlic cloves
Tomatos mawr	**2–3**	Large tomatoes
Chilli coch hir	**2–3**	Red chillies
Halen, pupur a siwgwr		Salt, pepper and sugar to season
Olew olewydd		Olive oil
Dŵr neu stoc llysiau	**750ml**	Water or vegetable stock

1. Torrwch y pupur, y winwns, y tomatos a'r chillis a'u gosod ar hambwrdd pobi. Torrwch y garlleg a'u hychwanegu i'r gymysgedd. Ychwanegwch halen, pupur a siwgwr gydag ychydig o olew olewydd – ond dim gormod.
2. Gwnewch yn siŵr fod pob darn wedi ei orchuddio ag olew a sesnad a'i osod yn y ffwrn am tua 45 munud ar 200°C / Ffan 180°C / Nwy 6, neu tan fod popeth yn feddal ac yn dechrau newid lliw.
3. Unwaith maen nhw'n ddigon meddal, trosglwyddwch i sosban fawr a'u blendio – neu eu rhoi mewn prosesydd bwyd – gan ychwanegu dŵr/stoc tan fod y trwch yn iawn i'ch tast chi.
4. Blaswch i wneud yn siŵr nad oes angen mwy o halen/pupur/siwgwr. Bwytewch yn syth bìn gyda darn o fara corn ffres.

1. Roughly chop the peppers, large onion, tomatoes and red chillies and place on a large baking tray. Cut the garlic cloves in half and add to the mix. Season well and add some olive oil – not too much.
2. Toss the ingredients together to coat in the oil and seasoning then pop in the oven for around 45 minutes at 200°C / Fan 180°C / Gas mark 6, or until soft and starting to colour.
3. Once soft enough to blend, transfer to a large saucepan or bowl and blend a little with a stick blender – or in a food processor, adding water/stock to loosen to your desired consistency.
4. Taste to check the seasoning and serve with some freshly baked cornbread.

TARTENNI MOROCAIDD
MOROCCAN TARTLETS

Mae'r tartenni yma yn llawn blas. Maen nhw'n fy atgoffa o fy ngwyliau yn Marrakesh lle gofynnodd fy ngŵr i mi ei briodi! Dwi'n siŵr, o'u llenwi i'r ymylon gyda llysiau sbeislyd wedi'u rhostio a chaws feta, y bydd y rhain yn ffefryn mawr.

This tart is full of flavour and reminds me of my holiday to Marrakesh, where my husband proposed! Filled to the brim with roasted spiced vegetables and topped with feta cheese, this will quickly become a firm favourite, I'm sure.

Digon i 8 tarten   *Makes 8 tarts*

CYNHWYSION		INGREDIENTS
Taten felys fawr	**1**	Large sweet potato
Winwns coch	**2**	Red onions
Moron	**2**	Carrots
Wylys	**1**	Aubergine
Tun o ffacbys wedi'u draenio	**1**	Tin of chickpeas, drained
Llwy fwrdd o ras-el-hanout	**2**	Tablespoons of ras-el-hanout
Olew rapeseed		Rapeseed oil
Halen		Salt to season
Caws feta	**100g**	Feta cheese
Wy	**3**	Eggs
Crwst turmeric, rysáit ar dudalen 214	**1**	Quantity of turmeric pastry, page 214

CYNHWYSION Y SALAD		SALAD INGREDIENTS
Dail sbigoglys	**100g**	Spinach leaves
Pomgranad	**1**	Pomegranate
Naddion cnau almwn wedi'u tostio	**50g**	Toasted flaked almonds
Lemwn	**1**	Lemon
Olew rapeseed		Rapeseed oil
Halen a phupur		Salt and pepper
Bwnsied bach o fintys		Small bunch of mint
Bwnsied bach o bersli		Small bunch of parsley

1. Twymwch y ffwrn i 200°C / Ffan 180°C / Nwy 6. Pliciwch a thorrwch y tatws melys a'r moron a'u gosod mewn tun rhostio. Sleisiwch y winwns a'r wylys a'u hychwanegu i'r tun. Taenwch haen o ras-el-hanout, olew a halen ar y top cyn cymysgu'r llysiau a'u rhostio yn y ffwrn am tua 30 munud. Trowch unwaith. Wedyn, ychwanegwch y ffacbys a choginiwch yn y ffwrn am 10 munud arall. Tynnwch y llysiau mas a'u gadael i oeri yn gyfan gwbl. Gostyngwch wres y ffwrn i 160°C / Ffan 140°C / Nwy 3.

2. Unwaith mae'r llysiau wedi oeri, rhowch i mewn i'r tartenni gan wneud yn siŵr bod cymysgedd dda o bob llysieuyn ym mhob tarten. Malwch gaws feta dros ben pob un. Chwipiwch yr wyau gyda phinsied o halen a'u rhannu'n hafal rhwng pob tarten. Peidiwch â'u gorlenwi. Pobwch am tua 20 munud neu tan fod yr wy wedi setio a'r feta'n euraidd.

1. Preheat the oven to 200°C / Fan 180°C / Gas mark 6. Peel and chop the sweet potato and carrot and place into a roasting tin. Roughly slice the onion, chop the aubergine into cubes and add to the tin. Sprinkle over the ras-el-hanout, oil and a little salt, mix the vegetables and then roast in the oven for around 30 minutes, turning once. After this time, add the chickpeas and return to the oven for a further 10 minutes. Remove the vegetables and leave to cool completely. Reduce the temperature to 160°C / Fan 140°C / Gas mark 3.

2. Once the vegetables have cooled, spoon into the tart cases making sure you have a good mixture of vegetables in each tart. Crumble over the feta. Whisk the eggs with a pinch of salt and equally divide between the cases, making sure not to overfill and leaving some of the vegetables and feta exposed. Bake in the oven for around 20 minutes, or until the egg has set and the feta is golden.

3. Tra mae'r tartenni yn pobi, gwnewch y salad. Golchwch a sychwch y sbigoglys a'i osod mewn powlen fawr. Torrwch y mintys a'r persli yn fân a'u hychwanegu at y sbigoglys. Chwipiwch y lemwn a'r olew; 1 rhan lemwn i 3 rhan olew. Ychwanegwch halen a phupur i ychwanegu blas.

4. Pan fyddwch chi'n barod i'w gweini, rhowch y saws lemwn ac olew ar ben y dail a'u rhannu rhwng y platiau. Rhowch darten i bob person.

5. Gorffennwch y salad trwy daenu naddion cnau almwn a hadau pomgranad dros ei ben.

3. While the tarts are cooking, quickly make your side salad. Wash and pat dry the spinach and place in a large mixing bowl. Finely chop the mint and parsley and add to the spinach. Whisk together the lemon and oil; a ratio of 1 part lemon to 3 parts oil. Add salt and pepper to season.

4. When you're ready to serve, toss the leaves in the dressing and divide between the plates. Give each person a tart.

5. Finish the salad by scattering over some flaked almonds and pomegranate seeds.

PIZZA CORGIMYCHIAID A MARGARITA
KING PRAWN AND MARGARITA PIZZA

Yn ein tŷ ni, noson pizza yw nos Wener! Mae'r merched wrth eu boddau yn helpu i wneud y toes a pharatoi'r haen uchaf – ac yn aml yn gadael haen go dda o flawd ar hyd y gegin! Unwaith maen nhw wedi cael eu pobi, mae'r merched yn setlo eu hunain yn yr ystafell deledu ar gyfer eu picnic pizza wythnosol dan do.

In our house, Friday night means pizza night! The girls love helping me make the dough and preparing the toppings – the messiness of rolling out the dough and topping them is hilarious, with the kitchen getting a good dusting of flour everywhere! Once baked, the girls set up in the TV room to have their weekly indoor pizza picnic.

Mae pob pizza yn gweini 4–6   *Each pizza serves 4–6*

PIZZA CORGIMYCHIAID — KING PRAWN PIZZA

Llwy fwrdd o olew olewydd	2	Tablespoons of olive oil
Menyn heb ei halltu	30g	Butter, unsalted
Ewin garlleg	3	Garlic cloves
Ychydig o win gwyn		A good slug of white wine
Croen a sudd lemwn	1	Zest and juice of lemon
Corgimychiaid mawr heb blisgyn	450g	Raw king prawns, shelled and cleaned
Mozzarella wedi'i gratio	200g	Grated mozzarella – not the mozzarella balls
Parmesan wedi'i gratio	100g	Parmesan, grated
Bwnsied bach o bersli ffres		Small bunch fresh parsley
Toes pizza, rysáit ar dudalen 32	1	Quantity of pizza dough, page 32

PIZZA MARGARITA — MARGARITA PIZZA

Tomatos mawr	6	Large vine ripened tomatoes
Llwy fwrdd o olew olewydd	2	Tablespoons of olive oil
Buffalo mozzarella ffres		Fresh buffalo mozzarella
Dail brenhinllys ffres		Bunch fresh basil leaves
Oregano ffres		Fresh oregano
Halen		Salt to taste
Toes pizza, rysáit ar dudalen 32	1	Quantity of pizza dough, page 32

1. Pizza Margarita – Trowch y ffwrn i'r gwres uchaf posib a rhowch lechen bobi neu hambwrdd pobi i mewn i dwymo.
2. Ar gyfer yr haen uchaf, torrwch y tomatos a'u gorchuddio mewn olew a halen. Rhowch ar hambwrdd pobi a'u rhostio am tua 15 munud. Yna, gan ddefnyddio stwnsiwr tatws neu flendiwr llaw, malwch y tomatos tan ei fod yn ffurfio saws tomato trwchus.
3. Rholiwch belen o'r toes ar fwrdd wedi ei orchuddio gyda semolina a blawd gan ei wneud mor denau â phosib. Gorchuddiwch gydag ychydig o'r saws tomato, mozzarella ac oregano. Pobwch yn y ffwrn am 8 munud neu tan fod y caws yn euraidd. Gorchuddiwch gyda dail brenhinllys ffres a'i weini'n syth gydag ychydig o olew garlleg.

1. **Margarita Pizza** – Preheat the oven to the hottest setting and place a baking stone or upturned baking tray or sheet in there to heat up.
2. For the topping, roughly chop the tomatoes and toss in the oil and some salt. Place in a baking tray and roast for around 15 minutes, then using a potato masher or a stick blender, break up the tomatoes so that it's a thick and chunky tomato sauce
3. Roll out a ball of dough on a work surface dusted with semolina and flour and try and get your base as thin as possible. Spread some of the tomato sauce on the base and top with some mozzarella and a sprinkle of oregano. Bake in the oven for 8 minutes or until golden and bubbling. Tear some fresh basil leaves on top and serve immediately with some garlic oil.

4. **Pizza Corgimychiaid** – Ychwanegwch y menyn, yr olew, y garlleg a'r croen lemwn i badell a'i dwymo am 2 funud dros wres isel-canolig. Wedyn ychwanegwch y gwin a diferion o lemwn a mudferwch am 2 funud arall. Ychwanegwch y corgimychiaid tan eu bod nhw'n binc, yna tynnwch oddi ar y gwres.

5. Rholiwch belen o'r toes mor denau â phosib a brwsiwch gydag ychydig o'r menyn garlleg o'r badell ffrio. Ychwanegwch y corgimychiaid a'r caws. Ailadroddwch y broses ar gyfer y 3 pizza arall. Pobwch ar silff y ffwrn neu ar lechen sydd wedi ei thwymo'n barod am tua 8 munud, neu tan fod y caws yn euraidd. Taenwch ychydig o bersli ac olew chilli ar ei ben neu binsied o naddion chilli.

4. **King Prawn Pizza** – Add the butter, oil, crushed/grated garlic and lemon zest to a pan and heat for 2 minutes over a low-medium flame. Next, add the wine and a squeeze of lemon and simmer for another 2 minutes. Add the king prawns and cook until they've just turned pink, then remove the pan from the heat.

5. Roll out a ball of dough as thin as you can, then brush some of the garlic butter from the pan over the base. Add the prawns followed by the cheeses. Repeat for the remaining 3 pizza bases. Bake in the oven, directly on the preheated baking stone/baking tray for around 8 minutes, or until the cheese is golden and bubbly. Scatter some freshly chopped parsley and a drizzle of chilli oil or a pinch of chilli flakes.

AMSER
BWYDO
YN Y
SŴ

Bosib eich bod chi'n meddwl bod y bennod yma ar gyfer plant yn unig, ond dwi'n adnabod nifer o oedolion fyddai wrth eu boddau gyda'r rhain. Bisgedi twym yn syth o'r ffwrn, Fflapjacs blasus ar gyfer ganol prynhawn neu Brats mewn Rholiau Cŵn Poeth Gyda Winwns Wedi'u Carameleiddio. Mae amser bwydo yn y sŵ yn amser da!

FEEDING TIME AT THE ZOO

You may think that this chapter is geared towards the little people, but I don't know many big people who wouldn't wolf down any one one of these recipes. Warm cookies straight from the oven, tasty Flapjacks mid-afternoon, or delicious BBQ'd Brats served in a Caramelised Onion Hot Dog Roll. Feeding time at the zoo never sounded so good!

PIZZA MAM SIMONA
SIMONA'S MUM'S PIZZA

Simona yw un o fy ffrindiau agosaf o'r brifysgol, felly ni'n adnabod ein gilydd ers blynyddoedd! Dwi wrth fy modd yn ymweld â hi a'i theulu sy'n byw ar gyrion Parma yn yr Eidal a dwi wrth gwrs yn caru'r bwydydd fyddwn ni'n eu mwynhau yno. Dwi'n cofio mam Simo yn gwneud y pizza yma i ni ar gyfer picnic ar y traeth un diwrnod – roedd e'n anhygoel. Ewch i dudalen 34 am rysáit y toes, ac isod mae dau opsiwn ar gyfer yr haenau. Mae'n bizza trwchus tebyg i focaccia, felly mae'n eich llenwi chi'n sydyn iawn!

Simona is one of my closest friends from university, so we've known each other years! I love visiting her and her family who live just outside of Parma in Italy and I obviously love all the food that we get to enjoy whilst out there. I remember Simo's mam making us this pizza to have when we went for a picnic at the beach one day and it is delicious. Head to page 34 for the dough recipe and below are two options for your toppings. This pizza is a deep pan style, more like a focaccia than a thin crust, so it fills you up very quickly!

Digon i 8   *Serves 8*

CYNHWYSION | INGREDIENTS

Cymraeg		English
Tun o domatos	**1**	Tin of plum tomatoes
Halen a phupur		Salt and pepper
Pinsied o siwgwr		A good pinch of sugar
Llwy de o oregano sych	**1**	Teaspoon of dried oregano
Ewin garlleg	**1**	Garlic clove
Mozzarella neu Taleggio	**150g**	Mozzarella or Taleggio
Olewydd	**75g**	Olives
Tun o ansiofis	**1**	Tin of anchovies
Selsig Eidalaidd	**2**	Italian sausages
Llwy de o hadau ffenigl	**1–2**	Teaspoons of fennel seeds
Toes pizza, rysáit ar dudalen 34	**1**	Quantity of pizza dough, page 34

1. Twymwch y ffwrn i 200°C / Ffan 180°C / Nwy 6.
2. Gwnewch y saws tomato drwy roi'r tun o domatos, yr oregano, y garlleg, yr halen, y pupur, y siwgwr a'r olew mewn prosesydd bwyd tan eu bod yn esmwyth. Rhowch haen go dda ar ben eich toes.
3. Rhowch yr ansiofis a'r olewydd ar un hanner o'r pizza a'r selsig, yr hadau ffenigl, yr olewydd a'r caws mozzarella ar yr hanner arall.
4. Pobwch am 20–25 munud tan fod y caws yn euraidd.
5. I'w weini'n syth o'r ffwrn neu'n oer – mae'r naill cystal â'r llall.

1. Preheat the oven to 200°C / Fan 180°C / Gas mark 6.
2. Make the tomato sauce by blitzing the tinned tomatoes, oregano and garlic cloves along with some salt, pepper, sugar and a glug of oil in a food processor until smooth. Spread a good layer of the sauce on your dough base.
3. Top half of the pizza with the anchovies and olives and the other half with pieces of sausage, fennel seeds, more olives and the mozzarella.
4. Bake in the oven for 20–25 minutes, until the cheese is golden and bubbling.
5. Serve fresh from the oven or cold – both equally good.

BRATS WEDI'U BARBECIWIO
BECA'S BEER BARBECUED BRATS

Dyma glasur Americanaidd arall ar gyfer y barbeciw, diolch i fy nheulu yn America. Dwi'n cofio bod yn chwilfrydig tra oedd fy nghefnder, Jason, yn coginio'r rhain un noson. Mae'r Brats yn cael eu potsio mewn cwrw a'u lliwio ar y barbeciw – mor syml â hynny. Ond dyma'r Brats mwyaf anhygoel gewch chi fyth. Gallwch botsio a choginio'r Brats yn y gril, ond mae'r mwg o'r barbeciw yn anfarwol gan godi'r pryd i lefel arall.

This is another classic American BBQ recipe courtesy of my family in America. I remember my cousin Jason making this for us one evening and I was intrigued at what he was doing. Essentially you're poaching the Brats in beer and then browning them on the BBQ – couldn't be simpler, but they're just the most amazing tasting Brats you'll ever have. You can of course poach and cook your Brats indoors on a grill pan, but the added smoke from the BBQ elevates this dish to the next level.

Digon i 6   *Serves 6*

CYNHWYSION / INGREDIENTS

Cymraeg		English
Bratwurst	6	Bratwursts
Potel o gwrw	3	Bottles of beer
Winwnsyn	1	Medium onion
Pupur – unrhyw liw	1	Pepper – any colour
Madarch	6	Mushrooms
Ewin garlleg	5	Garlic cloves

I'W GWEINI / TO SERVE

Fy rholiau cŵn poeth, tudalen 18	6	My hot dog rolls, page 18
Winwnsyn wedi'i dorri'n fân	½	Onion, finely chopped
Gercin wedi'i dorri		Chopped gherkin
Mwstard Americanaidd		American mustard

1. Gosodwch eich barbeciw untro ar gwpwl o frics ar arwyneb sy'n atal tân, a'i danio. Erbyn i chi orffen paratoi eich cynhwysion, bydd hi'n amser i chi goginio arno.
2. Torrwch y winwnsyn yn hanner a'i dorri'n siapiau hanner lleuad a'i roi mewn hambwrdd rhostio ffoil untro.
3. Sleisiwch y pupur a'r madarch yn denau, malwch y garlleg a'u hychwanegu i'r hambwrdd gyda'r winwns.
4. Arllwyswch y cwrw i gyd i'r tun a rhowch y bratwurst i mewn yn olaf.
5. Unwaith mae'r glo yn troi'n wyn a'r fflamau yn diffodd, rhowch yr hambwrdd ffoil yn ofalus ar ei ben. Gadewch i goginio tan fod y cwrw yn ffrwtian cyn tynnu'r bratwurst mas a'u gosod ar y gril i frownio ychydig bob ochr. Cadwch olwg arnynt rhag iddynt losgi.
6. Unwaith maen nhw wedi datblygu mwy o liw, rhowch nhw yn ôl i mewn i'r cwrw am tua 5–10 munud.

1. Place your large disposable BBQ on a couple of bricks or on a fireproof surface and light it. By the time it's ready to cook on you will have finished preparing your ingredients.
2. Chop the onion in half and then into 'half-moons' and place into a disposable foil roasting tray.
3. Slice the pepper and mushrooms into thin slices, crush and peel the garlic cloves and add them to the onion in the tray.
4. Pour in all the beer and finally pop in the Brats.
5. Carefully carry the tray out to the disposable BBQ; the coals should have stopped flaming by now and have turned white. Once the flames are out then pop the tray on top. Leave it alone until the beer starts to bubble, then take the Brats out and place them onto the grill to brown a little on two sides. This won't take long, so keep an eye on them or you'll burn your Brats.
6. Once they've had a chance to have a bit of colour, put them back in the beer for around 5–10 minutes.

7. Parhewch i ddilyn y dull yma tan fod y lliw wedi datblygu o gwmpas y Brats i gyd. Ni ddylai hyn gymryd gormod o amser – tua 30 munud ar y mwyaf. Mae'r cwrw yn helpu i'w cadw nhw'n llaith wrth goginio.

8. Gallwch eu gweini gyda pha bynnag saws chi moyn, ond mae eu gweini mewn rôl Brioche dwym gyda mwstard, winwnsyn amrwd a gercins yn lysh, a photel oer o gwrw wrth gwrs. Neu gallwch eu gweini gyda'r llysiau sydd erbyn hyn yn feddw braf ar ôl cael eu trwytho yn y cwrw, neu gyda'r sauerkraut mwy traddodiadol. Ond peidiwch â gor-wneud y saws.

7. Continue with this method of browning the Brats then returning them to the beer until the Brats are an even colour. This won't take long – 30 minutes at the most. The beer helps to keep them moist as you barbecue them.

8. You can of course serve the Brats with whatever your condiment of choice may be; however, serving them in a warm Brioche roll with some 'white trash' mustard, chopped raw onions and gherkins along with an iced cold beer will most definitely make this recipe a firm BBQ favourite for years to come. You can also serve the Brats with the vegetables that are by now rather drunk and happy from their beer bath or with the more traditional sauerkraut. Just don't overdo the sauces.

FFLAPJACS
FLAPJACKS

Os oes gennych chi deulu neu ffrindiau sydd yn methu bwyta glwten neu gynnyrch llaeth, yna fe wnewch chi'u plesio nhw gyda'r rhain! Fe greais y rhain ar gyfer fy ffrind Beth sydd â'r clefyd seliag. Mae hi'n casáu bod ar ei cholled, yn enwedig o ran y pethau dwi'n eu pobi!

If you've got any family or friends who are gluten or dairy intolerant then these will no doubt impress them – they taste just as good! I created these for my best friend Beth who is a coeliac – she hates missing out on anything, especially when it comes to my baked goods!

Digon i 16   *Makes 16*

CYNHWYSION / INGREDIENTS

Ceirch heb glwten	225g	Gluten-free oats
Siwgwr brown golau	100g	Light brown sugar
Mêl	50g	Honey
Olew cnau coco	150g	Coconut oil
Pinsied o halen		Pinch of salt
Dêts wedi'u torri'n fras	75g	Dates, roughly chopped
Ceirios wedi sychu	50g	Dried cherries
Cnau almwn wedi'u gwynnu, eu tostio a'u torri'n fras	50g	Whole blanched almonds, toasted and roughly chopped

1. Twymwch y ffwrn i 180°C / Ffan 160°C / Nwy 4 a leiniwch dun sgwâr tua 7 modfedd, sydd â gwaelod rhydd, gyda phapur gwrthsaim a rhowch o'r neilltu tan fod ei angen.
2. Ran amlaf byddech chi'n rhoi tipyn o fenyn mewn fflapjac ond dwi'n defnyddio olew cnau coco yn ei le ac mae'n gweithio llawn cystal ac ac e'n llawn blas. Bydd angen i chi doddi olew canu coco mewn sosban gyda mêl.
3. Wedi i chi dostio'r cnau almwn, torrwch nhw'n fras a'u rhoi nhw mewn powlen gymysgu. Yna ychwanegwch y ceirch – cofiwch wneud yn siŵr mai ceirch heb glwten yw'r rhain; maen nhw i'w cael ym mhob archfarchnad.
4. Ychwanegwch binsied o halen, dêts, ceirios a siwgwr brown i'r bowlen.
5. Cymysgwch yn dda cyn ychwanegu'r hylif mêl ac olew cnau coco.
6. Cymysgwch yn dda eto gan sicrhau fod yr hylif yn gorchuddio'r ceirch i gyd. Crafwch y gymysgedd i'r tun a'i gwasgu i bob cornel yn gyson a phobwch yn y ffwrn am tua 25 munud tan ei bod yn lliw brown euraidd.
7. Gadewch i oeri yn gyfan gwbl yn y tun cyn ei dorri'n ddarnau.
8. Rhowch mewn dysgl wedi ei selio a'u bwyta o fewn 5 diwrnod.

1. Preheat the oven to 180°C / Fan 160°C / Gas mark 4 and line a 7 inch loose-bottomed square tin with greaseproof paper and set to one side until later.
2. Usually you'd put a lot of butter into a flapjack but I use coconut oil as a substitute and it works brilliantly. Melt the coconut oil in a saucepan with honey.
3. After you've toasted the almonds, roughly chop them all up and put them into a mixing bowl. Then add the gluten-free oats – make sure that they're the gluten-free and not the normal version; they can be found in every supermarket.
4. Add a pinch of salt, dates, dried cherries and brown sugar into the bowl.
5. Then give it a good mix before adding the honey and coconut oil.
6. Mix thoroughly again until evenly combined and make sure that you cover all your oats with the liquid. Scrape the mixture into the prepared tin and press it into all the corners evenly and bake in the oven for 25 minutes, until golden brown.
7. Leave in the tin to cool completely before cutting into pieces.
8. Store in an airtight container and eat within 5 days.

CWPANAU BROWNI SIOCLED
CHOCOLATE BROWNIE CUPS

Mae fy ffrindiau wastad yn gofyn i fi wneud Brownis. Fan hyn, dwi wedi'u troi nhw'n gwpanau i ddal hufen iâ a phopcorn taffi gyda saws ganache. Perffaith fel pwdin ar gyfer noson i mewn gyda'r merched yn mwynhau ffilm!

My Chocolate Brownies are probably one of the most requested treats by my friends! Here I've made them into fun cup shapes to hold ice cream as well as some toffee popcorn and ganache sauce. The perfect dessert for a girls' night in watching a film!

Digon i 8–10 cwpan *Makes 8–10 cups*

CYNHWYSION / INGREDIENTS

Siocled tywyll	**115g**	Dark chocolate
Menyn heb ei halltu	**115g**	Unsalted butter
Siwgwr mân	**300g**	Caster sugar
Blawd plaen	**150g**	Plain flour
Llwy de o flas fanila	**1**	Teaspoon of vanilla extract
Pinsied o halen		Pinch of salt
Wy	**2**	Eggs
Llwy fwrdd o bowdwr coco	**2**	Tablespoons of cocoa powder
Siocled gwyn, sglodion neu far wedi'i falu'n fân	**100g**	White chocolate, either chips or a bar chopped into chunks

I ADDURNO / TO DECORATE

Cnewyll popcorn	**100g**	Popping corn
Olew llysiau		Vegetable oil
Menyn heb ei halltu	**50g**	Unsalted butter
Siwgwr brown golau	**50g**	Light brown sugar
Llwy fwrdd o surop euraidd	**2½**	Tablespoons of golden syrup
Halen môr i addurno		Sea salt to decorate
Eich dewis chi o hufen iâ		Your choice of ice cream

1. Irwch a leiniwch dun pobi myffins gyda 12 twll a thwymwch y ffwrn i 180°C / Ffan 160°C / Nwy 4.
2. Toddwch y siocled tywyll a'r menyn gyda'i gilydd mewn powlen dros sosban o ddŵr berwedig tan ei fod yn esmwyth a sgleiniog.
3. Mewn powlen fawr, cymysgwch y siocled wedi toddi a'r menyn gyda siwgwr ac ychwanegwch yr wyau, un ar y tro, gyda'r blas fanila.
4. Hidlwch y blawd, pinsied o halen a phowdwr coco i mewn i'r cynhwysion gwlyb a chymysgu'n dda. Cymysgwch y siocled gwyn i mewn a llenwch y tyllau myffins tan eu bod yn ¾ llawn.
5. Pobwch am 35–40 munud.
6. Unwaith maen nhw wedi'u pobi, gosodwch dun myffins arall ar y top, a gwasgwch i lawr i greu'r cwpanau. Defnyddiwch gefn llwy fwrdd i wneud y twll yn fwy hafal os nad yw'r tun myffins wedi cael llawer o effaith.
7. Gwnewch y popcorn mewn sosban fawr â chaead. Ychwanegwch olew llysiau gyda'r cnewyll popcorn a'u cymysgu i'w gorchuddio yn dda yn yr olew.

1. Grease and line a 12 hole muffin tin and preheat the oven to 180°C / Fan 160°C / Gas mark 4.
2. Melt the dark chocolate and butter together in a saucepan over a low heat until smooth and glossy.
3. In a large bowl mix together the melted chocolate with the sugar and add in the eggs one at a time along with the vanilla extract.
4. Sieve the flour, salt and cocoa powder into the wet ingredients and mix until combined. Stir through the white chocolate and then fill the muffin holes until they're ¾ full.
5. Bake for 35–40 minutes.
6. Once baked, place another muffin tin on top and press down to create the cups, or use the back of a tablespoon to create the gap in the cups.
7. Make the popcorn in a large saucepan which has a lid. Add the vegetable oil along with the popcorn kernels and stir so they're coated in the oil.

8. Gosodwch y caead a throi'r gwres lan tan ei fod yn wres canolig i uchel. Peidiwch â chodi'r caead tra mae'r popcorn yn coginio! Unwaith mae'r cnewyll yn dechrau popio, ysgwydwch y sosban bob hyn a hyn. Pan mae yna tua 2–3 eiliad rhwng pob 'pop', diffoddwch y gwres, ysgwydwch y sosban ac arllwyswch y popcorn i mewn i bowlen fawr.

9. Defnyddiwch yr un sosban i wneud y saws toffi. Twymwch y menyn, y siwgr a'r surop tan ei fod yn berwi yn ysgafn. Gadewch i'r gymysgedd ferwi am 2 funud cyn rhoi'r popcorn yn ôl yn y sosban. Rhowch y caead yn ôl a'i ysgwyd tan fod y popcorn wedi ei orchuddio yn y saws toffi. Rhowch i'r naill ochr.

10. Twymwch y siocled gyda hufen mewn powlen dros sosban tan ei fod wedi toddi ac yn esmwyth. Gwnewch y ganache yn union cyn gweini er mwyn ei wneud yn haws i'w arllwys.

11. Rhowch belen fawr o'ch hoff hufen iâ yn y cwpanau browni, arllwyswch ychydig o'r ganache siocled a'i orffen gyda digon o bopcorn a phinsied o halen môr. Gallwch dwymo'r brownis yn y meicrodon cyn ychwanegu'r hufen iâ os dymunwch!

8. Pop the lid on and turn the heat up to medium to high and don't be tempted to lift the lid! Once the corn starts to pop, shake the pan every so often so that as many of the kernels pop as possible. When there's around 2–3 seconds between the pops, remove from the heat and tip into a large bowl.

9. In the same pan, heat the butter, sugar and syrup and bring to a gentle boil for around 2 minutes before putting the popcorn back into the pan and giving it a good stir to coat the popcorn in the toffee sauce. Keep to one side while you make the ganache.

10. Gently heat the chocolate and cream in a bowl over a saucepan until melted and smooth. Make the ganache near to when you're serving as it will be easier to drizzle.

11. To serve, scoop a big ball of ice cream into a brownie cup, drizzle over some chocolate ganache and finish with a handful of popcorn and a pinch of sea salt. You can heat the brownies in the microwave for a few seconds before adding the ice cream if you wish!

SBARION MYFFINS
LEFTOVER MUFFINS

Mae hwn yn rysáit bach da i ddefnyddio unrhyw sbarion a darnau o gaws sydd yn eich oergell. Cinio bach hawdd gyda salad, perffaith i'w fwyta wrth i chi fynd o un lle i'r llall a blasus iawn mewn bocs bwyd i blant neu oedolion.

A great little recipe to use up items from your fridge and any pieces of cheese that need eating. A great lunch with some salad and a perfect on-the-go snack for children and adults of all ages.

Digon i 12   *Makes 12*

CYNHWYSION   INGREDIENTS

Cymraeg		English
Blawd codi	**225g**	Self-raising flour
Menyn heb ei halltu	**60g**	Unsalted butter
Llwy de o halen	**½**	Teaspoon of salt
Wy	**2**	Eggs
Llaeth cyflawn	**175ml**	Whole milk
Caws Cheddar	**50g**	Cheddar cheese
Parmesan	**25g**	Parmesan
Sleisen o ham wedi ei goginio	**2–3**	Slices of cooked ham, chopped
Llond llaw o frocoli		Handful of blanched broccoli florets, chopped
Llysiau wedi eu rhostio	**100g**	Leftover roasted vegetables, chopped

1. Leiniwch dun myffins sydd â 6–8 twll gyda chasys a thwymwch y ffwrn i 200°C / Ffan 180°C / Nwy 6.
2. Rhwbiwch fenyn i mewn i'r blawd tan ei fod yn edrych fel briwsion bara.
3. Ychwanegwch halen, caws, ham wedi ei goginio a'i dorri'n fân, llond llaw o frocoli a sbarion llysiau wedi eu rhostio a'u cyfuno.
4. Mewn powlen arall, cymysgwch yr wyau a'r llaeth ac yna ychwanegwch i'r cynhwysion eraill.
5. Cymysgwch gan wneud yn siŵr nad oes pocedi o flawd.
6. Rhowch y gymysgedd yn y casys myffins tan eu bod yn ¾ llawn.
7. Gratiwch y parmesan a'i ysgeintio ar ben y myffins a'u pobi ar y silff ganol am tua 18–20 munud, neu tan eu bod yn euraidd. I'w gweini'n dwym gyda salad neu mewn picnic.

1. Line 6–8 muffin holes with cases and preheat the oven to 200°C / Fan 180°C / Gas mark 6.
2. Rub butter into the flour until it resembles breadcrumbs.
3. Add salt, cheese, ham, a handful of broccoli florets and any leftover roasted vegetables and mix until evenly combined.
4. In a separate bowl, mix together the eggs and milk then add to the other ingredients.
5. Stir until just combined, making sure that there are no pockets of flour.
6. Spoon the mixture into the muffin case until they're ¾ full.
7. Grate some parmesan and sprinkle on top of the muffins and bake on the middle shelf for around 18–20 minutes, or until golden brown. Serve warm with a salad or perfect in a picnic.

BYSEDD FFALAFFEL
BAKED FALAFEL FINGERS

Mae pawb yn caru'r rysáit yma. Pryd bach syml sydd yn berffaith gyda salad neis a dips.

This recipe is loved by all. A simple dish that can be served with a nice salad and some dips.

Digon i 20 ffalaffel   *Makes 20 falafels*

<table>
<tr><td>CYNHWYSION</td><td></td><td>INGREDIENTS</td></tr>
<tr><td>Tun o ffacbys, wedi'u draenio</td><td>2</td><td>Tins of chickpeas, drained</td></tr>
<tr><td>Winwnsyn coch, wedi'i dorri'n fân</td><td>½</td><td>Medium red onion, finely chopped</td></tr>
<tr><td>Ewin garlleg, wedi'i dorri'n fân</td><td>2</td><td>Cloves garlic, finely chopped</td></tr>
<tr><td>Llond llaw o bersli a coriander</td><td>2</td><td>Large handfuls each parsley and coriander</td></tr>
<tr><td>Llwy de o gwmin mân</td><td>2</td><td>Teaspoons of ground cumin</td></tr>
<tr><td>Llwy de o goriander mân</td><td>1½</td><td>Teaspoons of ground coriander</td></tr>
<tr><td>Pinsied o halen</td><td>2</td><td>Pinches of salt</td></tr>
<tr><td>Pinsied o bupur</td><td>1</td><td>Pinch of pepper</td></tr>
<tr><td>Llwy fwrdd o olew olewydd</td><td>2</td><td>Tablespoons of olive oil</td></tr>
<tr><td>Ychydig o flawd gram</td><td></td><td>A little gram flour to help bind</td></tr>
</table>

1. Twymwch y ffwrn i 220°C / Ffan 200°C / Nwy 7.
2. Irwch a leiniwch hambwrdd pobi gydag ychydig o olew a'i roi i'r naill ochr tra eich bod chi'n gwneud y Ffalaffels.
3. Rhowch y ffacbys, y winwns coch, y garlleg, y persli, y cwmin a'r coriander mewn prosesydd bwyd gyda halen, pupur, olew olewydd ac ychydig o flawd gram tan fod popeth wedi cymysgu gyda'i gilydd yn dda ond nid yn hollol esmwyth. Rydych angen rhai darnau o winwns, perlysiau a ffacbys yn gyfan.
4. Ffurfiwch y gymysgedd i unrhyw siâp a fynnwch; dwi fel arfer yn eu siapio yn debyg i fish finger gan fod y siâp yma yn ei gwneud hi'n haws i fy merch fach eu codi a'u bwyta.
5. Gosodwch ar yr hambwrdd pobi gyda digon o le i rolio pob un a'u pobi am 20 munud, gan eu rowlio drosodd hanner ffordd er mwyn sicrhau lliw cyson.

1. Preheat the oven to 220°C / Fan 200°C / Gas mark 7.
2. Grease a baking sheet with a little oil and put to one side while you make the Falafels.
3. Put the chickpeas, red onion, garlic, parsley, cumin and coriander in a food processor along with salt, pepper, olive oil and a little gram flour to help bind. You still want some chickpea, onion, and herb chunks to remain.
4. Form the chickpea mixture into whatever shape you want; I tend to shape them similar to a fish finger as it makes it easier for my youngest daughter to pick up and eat.
5. Place on the prepared baking sheet with enough room to roll over each one. Bake for about 20 minutes, rolling over each falafel about halfway through to ensure even browning.

BISGEDI SIOCLED ANTI IRENE
AUNTY IRENE'S CHOCOLATE CHIP COOKIES

O'r holl ryseitiau a gefais gan fy nheulu Americanaidd, dyma'r un sy'n dal fwyaf o atgofion. Roeddwn i'n caru Anti Irene ac roeddwn i wastad wrth ei hymyl wrth iddi baratoi prydau i ni eu bwyta. Gyda'r brathiad cyntaf o'r bisgedi yma, dwi'n cael fy nghludo'n ôl i gegin Anti Irene yn ferch fach 8 oed eto. Dyma wir flas America.

Of all the recipes I have from my American family, this is probably the one that holds the most significance and memories. I loved Aunty Irene dearly and was always next to her in the kitchen when she was preparing anything for us to eat. With every first bite of these cookies I am immediately transported back to Aunty Irene's kitchen as an 8-year-old girl. These are a true taste of America.

Digon i tua 40 *Makes around 40*

CYNHWYSION — INGREDIENTS

Cynhwysion		Ingredients
Blawd plaen	**335g**	Plain flour
Llwy de o soda pobi	**1**	Teaspoon bicarbonate of soda
Llwy de o halen	**1**	Teaspoon salt
Menyn	**225g**	Butter
Siwgwr gronynnog	**170g**	Granulated sugar
Siwgwr brown golau	**130g**	Soft brown sugar
Llwy de o flas fanila	**1**	Teaspoon vanilla extract
Wy mawr	**2**	Large eggs
Sglodion siocled	**335g**	Chocolate chips

1. Twymwch y ffwrn i 190°C / Ffan 170°C / Nwy 5 a leiniwch hambwrdd pobi gyda 3–4 tamaid o bapur gwrthsaim.
2. Mewn powlen fach, cymysgwch y blawd, y soda pobi a'r halen a'i roi i'r naill ochr.
3. Mewn powlen fawr, cymysgwch y menyn gyda'r siwgwr a'r blas fanila cyn ychwanegu'r wyau un ar y tro gan wneud yn siŵr eich bod yn curo'n dda ar ôl pob wy. Ychwanegwch y blawd yn raddol tan fod popeth wedi ei gymysgu yn dda. Rhowch y sglodion siocled i mewn yn olaf.
4. Rhowch faint llwy fwrdd o'r gymysgedd ar y papur gwrthsaim gan adael digon o le rhwng pob un. Pobwch am 9–10 munud cyn gadael iddyn nhw oeri ar resel weiren. Mwynhewch nhw'n eithaf twym gyda gwydraid o laeth oer.
5. Rhowch mewn tun wedi'i selio i'w cadw a bwytewch o fewn 5 diwrnod.

1. Preheat the oven to 190°C / Fan 170°C / Gas mark 5 and line 3–4 baking sheets with greaseproof paper.
2. In a small bowl combine the flour, bicarbonate of soda and salt and put to one side.
3. In a large bowl, cream together the butter, both sugars and the vanilla extract, then add the eggs one at a time making sure to beat well after each egg. Gradually add the flour mixture until well combined and then stir in the chocolate chips.
4. Spoon a tablespoon size of the dough onto the sheets, allowing space in between each cookie as the mixture will spread. Bake for 9–10 minutes then cool on a wire rack. Enjoy slightly warm with a glass of cold milk.
5. Store in an airtight container and eat within 5 days.

SELSIG MORGANNWG
GLAMORGAN SAUSAGE

Dyma rysáit Cymreig sy'n hynod o flasus! Mae Emily, un o fy ffrindiau gorau, wastad yn gofyn am y pryd yma pan fyddwn ni'n bwyta mas. Mae'n bryd eithaf hawdd i'w goginio sy'n llawn blas o'r caws, y cennin a'r mwstard.

This is a rather Welsh dish and a delicious one too! One of my best friends, Emily, loves this sausage and will often order it if it's on a menu when we're out. A relatively simple dish, but full of flavour from the cheese, leeks and mustard.

Digon i 8–10   *Makes 8–10*

CYNHWYSION / INGREDIENTS

Cymraeg		English
Cenhinen fawr	**1**	Large leek
Caws Caerffili	**125g**	Caerphilly cheese
Gruyère	**75g**	Gruyère
Briwsion bara	**200g**	Breadcrumbs
Menyn heb ei halltu	**30g**	Butter, unsalted
Llwy fwrdd o olew rapeseed	**2–3**	Tablespoons of rapeseed oil
Sbrigyn neu ddau o deim ffres		A couple of sprigs of fresh thyme
Llond llaw fach o syfi ffres		Small handful of fresh chives
Llwy de o fwstard Dijon	**2**	Teaspoons of Dijon mustard
Wy	**2**	Eggs
Blawd plaen	**50g**	Plain flour
Halen a phupur gwyn		Salt and white pepper

1. Sleisiwch a ffrïwch y cennin yn ysgafn mewn menyn tan eu bod yn feddal. Gadewch i oeri.
2. Mewn powlen, gratiwch y caws Gruyère a'r caws Caerffili cyn ychwanegu 125g o'r briwsion bara, y perlysiau ffres, y mwstard, y cennin wedi oeri a'r melyn wy a'u cymysgu yn dda. Rhannwch y gymysgedd yn 12 darn a'u rholio i siâp selsig. Gosodwch ar blât a'u hoeri am 20 munud yn yr oergell.
3. Chwipiwch y gwyn wy tan ei fod yn ewynnog. Rhowch weddill y briwsion bara ar un plât a'r blawd plaen ar blât arall. Rhowch haen o flawd ar y selsig cyn y gwyn wy ac yn olaf y briwsion bara. Ffrïwch tan eu bod yn euraidd mewn olew rapeseed cyn eu taro mewn ffwrn ar 160°C / Ffan 140°C / Nwy 3 am 10 munud.
4. I'w gweini'n dwym gyda siytni a salad. Gallwch hefyd weini'r selsig yma fel opsiwn ar gyfer llysieuwyr yn fy Rholiau Winwns a Hadau Nigella ar dudalen 18.

1. Thinly slice and sauté the leeks in the butter until soft. Leave to cool.
2. In a bowl, grate in the Gruyère and Caerphilly, add in 125g of the breadcrumbs, chopped fresh herbs, mustard, the cooled leeks and egg yolks – stir to combine. Divide the mixture into 12 and roll into a sausage shape, place on a plate and chill for 20 minutes in the fridge.
3. Whisk the egg whites until frothy, place the remaining breadcrumbs on a plate and the plain flour on another plate. Dust the sausages in the flour, then the egg white and finally the breadcrumbs. Shallow fry until golden brown using the rapeseed oil, then pop into a preheated oven set to 160°C / Fan 140°C / Gas mark 3 for 10 minutes.
4. Serve warm with a salad and some chutney. Alternatively, serve your Glamorgan Sausages as a vegetarian hot dog in my Nigella and Sweet Onion Hot Dog Rolls from page 18.

NOSON MEWN 'DA'R MERCHED

Mae gen i deimlad y byse'r bechgyn yn hoff o rai o'r ryseitiau yma hefyd. Sgiwyrs cyw iâr tanbaid gyda saws caws glas neu flodfresych wedi'u rhostio, wedi'u gweini gyda reis a phys traddodiadol, ynghyd â fy salsa pinafal melys – dyma rai o fy hoff fwydydd fydd yn sicr o bennu ai'r merched neu'r bechgyn sy'n gallu dygymod â pha mor dwym yw eu bwyd! Gorffennwch y noson gyda'r Potiau Siocled ac fe fyddwch chi'n sicr o gael noson wych i mewn gyda'r criw!

GIRLS' NIGHT IN

I have a sneaky suspicion that the boys would want to get in on the action if any of these were on the menu! My hot and fiery buffalo chicken skewers served with a cool blue cheese dip and my Jerk roasted Cauliflower served with traditional rice and peas and my sweet pineapple salsa are two of my favourite things to eat and will also separate the girls from the boys when it comes to how spicy you like things! Round off the evening with one of my famous gooey Chocolate Pots and you will have had a cracking night in with your crew.

CYW IÂR BUFFALO
BUFFALO CHICKEN SKEWERS

Mae'r sgiwyrs yma ar gyfer pobl sy'n hoffi bwydydd sbeislyd! Mae'r dip caws glas yn helpu i liniaru'r gwres yn eich ceg, ond bwytewch yn ofalus! Maen nhw'n berffaith fel cwrs cyntaf neu fel rhan o bryd mwy neu fel tamaid gyda diodydd.

My fiery buffalo skewers are only for those who like their spice! The cooling blue cheese dip does help to take the edge away from the fire in your mouth, but eat with caution! Perfect as a starter, as part of a meal or as a nibble with some drinks.

Digon i 6–8 fel cwrs cyntaf　　*Serves 6–8 as a starter*

CYNHWYSION　INGREDIENTS

Cynhwysion		Ingredients
Clun cyw iâr	**8**	Chicken thighs
Blawd plaen		Plain flour for dusting
Menyn heb ei halltu	**100g**	Unsalted butter
Saws twym fel Sriracha	**150ml**	Hot sauce – something like Sriracha
Llwy fwrdd o finegr gwin gwyn	**1½**	Tablespoons of white wine vinegar
Ewin garlleg wedi'i gratio/malu'n fân	**1**	Garlic clove, grated/finely minced
Pinsied o bupur gwyn, halen helogan, pupur cayenne		A good pinch of white pepper, celery salt and cayenne pepper
Diferion o saws Worcestershire		A couple of dashes of Worcestershire sauce

DIP CAWS　CHEESE DIP

Dip Caws		Cheese Dip
Hufen sur	**75ml**	Sour cream
Llaeth enwyn	**100ml**	Buttermilk
Caws glas	**100g**	Blue cheese
Llwy fwrdd dda o mayonnaise	**1**	Heaped tablespoon of mayonnaise
Ewin garlleg wedi'i gratio/malu'n fân	**1**	Clove of garlic, grated/finely minced
Halen		Salt
Helogan		Celery sticks

1. I wneud y dip, malwch y caws yn fân i mewn i bowlen fach, ychwanegwch weddill y cynhwysion a'u cymysgu'n dda. Gorchuddiwch gyda cling film a'i osod yn yr oergell tan fod ei angen.

2. Ar gyfer y saws Buffalo, toddwch y menyn ar wres isel mewn sosban, ac yna ychwanegwch weddill y cynhwysion. Trowch y gwres lan nes bod y gymysgedd yn mudferwi, gan ei throi yn aml. Gwnewch yn siŵr nad yw'r gymysgedd yn berwi. Diffoddwch y gwres a gadewch iddo oeri cyn ei ddefnyddio.

3. Twymwch y ffwrn i 200°C / Ffan 180°C / Nwy 6 a leiniwch hambwrdd pobi gyda phapur memrwn pobi.

4. Rhowch ychydig o flawd mewn bag brechdanau mawr, torrwch y cluniau cyw iâr yn dalpiau a rhoi'r rheiny yn y bag hefyd. Caewch y bag a'i ysgwyd am ychydig tan fod y cyw iâr wedi ei orchuddio yn y blawd.

5. Tynnwch y cyw iâr mas o'r bag, ac ysgwydwch fel bod unrhyw flawd dros ben yn dod i ffwrdd, yna gorchuddiwch y darnau cyw iâr yn y saws Buffalo cyn eu gosod ar sgiwyrs. Brwsiwch unrhyw saws Buffalo sy'n weddill ar y cyw iâr a'u pobi yn y ffwrn am tua 30 munud, gan eu troi hanner ffordd.

6. I'w gweini'n syth bìn o'r ffwrn gydag ychydig o'r dip caws glas a helogan.

1. To make the dip, crumble the cheese into a small bowl, add all the other ingredients and mix well. Cover with cling film and place in the fridge until needed.

2. For the Buffalo sauce, melt the butter over a low heat in a saucepan until melted, but not bubbling, then add in the other ingredients. Turn the heat up and bring the mixture to a simmer, stirring continuously but making sure not to boil the mixture. Turn the heat off and cool before using.

3. Preheat the oven to 200°C / Fan 180°C / Gas mark 6 and line a baking tray with some baking parchment.

4. In a large sandwich bag, put in a few tablespoons of the flour then cut up the chicken thighs into chunks and pop them into the bag too. Seal the bag and shake it for a few seconds so that the chicken is coated in flour.

5. Remove the chicken and shake so that any excess flour comes off, then coat the chicken in the Buffalo sauce before placing onto some skewers. Brush any remaining Buffalo sauce onto the chicken and bake in the oven for around 30 minutes, turning half way.

6. Serve straight away with the blue cheese dip and some celery sticks.

COLSLO GWYRDD
GREEN GODDESS SLAW

Dwi'n credu mai hwn yw'r colslo prydferthaf welwch chi fyth! Dwi'n caru'r holl liwiau, y blasau a'r ansawdd gwahanol sydd ym mhob cegaid o'r rysáit yma. O'r afal melys i flas anis y ffenigl, mae pob un blas yn priodi'n berffaith gyda'i gilydd. Mae'r colslo yma yn hyfryd efo'r Sgiwyrs Cyw Iâr sydd ar dudalen 122 neu'r Porc Brau ar dudalen 164.

I think that this is the prettiest looking slaw you will ever see! I love the different shades of green and white, the textures and all the different flavours that you get in every mouthful. From the sharp and sweet apple to the aniseed crunch of fennel, the flavours all marry together perfectly. A great side to have with my Buffalo Chicken Skewers on page 122 or the Pulled Pork on page 164.

Digon i 6   *Serves 6*

CYNHWYSION / INGREDIENTS

CYNHWYSION		INGREDIENTS
Blodfresychen	½	Cauliflower
Llond llaw o fresych cyrliog wedi ei olchi		Small handful of kale, washed
Bwlb o ffenigl	½	Bulb of fennel
Afal – Granny Smith	1	Apple – Granny Smith
Shibwns	5	Spring onions
Llwy fwrdd o hadau pwmpen	2	Tablespoons of pumpkin seeds
Llwy fwrdd o finegr seidr	3	Tablespoons of cider vinegar
Llwy fwrdd o olew rapeseed	5	Tablespoons of rapeseed oil
Llwy de o siwgwr	1	Teaspoon of sugar
Halen		Salt

1. Torrwch y flodfresychen yn ddarnau bach a'u gosod mewn powlen maint canolig. Torrwch y bresych cyrliog a'r ffenigl a sleisiwch yr afal. Torrwch y shibwns yn lletraws gan ddefnyddio'r darn gwyn a gwyrdd.
2. Rhowch yr holl lysiau, yr afal a'r hadau yn y bowlen gyda'r flodfresychen.
3. Ychwanegwch lwy de o siwgwr mân gyda phinsied da o halen, 2–3 llwy fwrdd o finegr seidr a thua 5–6 llwy fwrdd o olew. Cymysgwch bopeth a rhowch fwy o halen, siwgwr, finegr neu olew i ychwanegu blas.
4. Gadewch i fwydo am o leiaf 20 munud cyn ei fwyta.

1. Chop the cauliflower into small pieces and place into a medium bowl. Shred the kale and fennel and slice the apple into small batons. Slice the spring onions on the diagonal, using the green and white part.
2. Place all of the vegetables, apple and pumpkin seeds into the bowl with the cauliflower.
3. Add a teaspoon of caster sugar along with a good pinch of salt, 2–3 tablespoons of cider vinegar and around 5–6 tablespoons of the oil. Stir well and taste to check the seasoning – adjusting to suit your taste by adding more salt or sugar or vinegar or oil.
4. Leave to macerate for at least 20 minutes before eating.

CRWYN TATWS MELYS LLAWN DOP
LOADED SWEET POTATO SKINS

Mae'r rysáit yma yn berffaith ar gyfer nifer o achlysuron gwahanol, neu fel pryd bach i fynd gyda'r Sgiwyrs Cyw Iâr sydd ar dudalen 122 neu'r Selsig Morgannwg ar dudalen 108. Maen nhw'n wych fel cwrs cyntaf neu fel byrbryd gyda chwrw oer wrth wylio'r rygbi!

This recipe will suit a variety of meals and occasions, as a side dish to my Buffalo Chicken Skewers on page 122 or my Glamorgan Sausages on page 108. They're a great starter or 'bar snack' to have with a cold beer whilst watching the rugby too!

Digon i 6–8   Serves 6–8

CYNHWYSION		INGREDIENTS
Tatws melys mawr	**4**	Large sweet potatoes
Olew llysiau		Vegetable oil
Halen a phupur		Salt and pepper
Caws feta	**100g**	Feta cheese
Shibwns	**3–4**	Spring onions
Tomatos mawr	**2**	Large tomatoes
Tun o ffa du wedi'u draenio	**½**	Tin of black beans, drained
Twb bach o hufen sur		Small tub of sour cream

1. Twymwch y ffwrn i 200°C / Ffan 180°C / Nwy 6 a leiniwch 2 hambwrdd pobi gyda ffoil.
2. Golchwch y tatws a'u sychu gyda lliain neu bapur cegin. Torrwch eu pennau a sleisiwch i drwch o 1cm a'u gosod mewn powlen fawr.
3. Arllwyswch olew dros eu pennau ac ychwanegwch halen a phupur. Gwnewch yn siŵr fod pob tamaid wedi ei orchuddio gyda'r olew.
4. Gosodwch y tatws ar yr hambyrddau pobi a'u rhoi yn y ffwrn am 30 munud gan eu troi hanner ffordd.
5. Tra mae'r tatws yn pobi, malwch y caws feta i mewn i bowlen. Torrwch y tomatos a'r shibwns ac ychwanegwch at y caws feta gyda'r ffa du.
6. Cymysgwch bopeth cyn ychwanegu halen a phupur. Unwaith mae'r tatws wedi pobi am 30 munud, rhowch ychydig o'r gymysgedd caws feta ar ben pob un a'u pobi am 5–8 munud arall.
7. Rhowch y tatws ar blât ac arllwyswch ychydig o'r hufen sur ar eu pennau. I'w gweini'n syth.

1. Preheat the oven to 200°C / Fan 180°C / Gas mark 6 and line 2 baking sheets with foil.
2. Wash the potatoes and dry with a tea towel or some kitchen roll. Cut off the ends and then cut the potatoes into 1cm thick slices and place in a large bowl.
3. Drizzle over a little oil and season with salt and pepper and then toss the potatoes so that every slice is coated in oil.
4. Lay the potatoes onto the prepared baking trays and bake in the oven for 30 minutes, turning halfway.
5. Whilst the potato slices are baking, crumble the feta cheese into a small bowl. Chop up the tomatoes and spring onions and add to the feta along with the black beans.
6. Mix together and season with a little salt and pepper. Once the potatoes have had their 30 minutes, spoon a little of the feta mixture on top and bake for a further 5–8 minutes.
7. Move the skins onto your serving plate and drizzle over the sour cream. Serve immediately.

CEBABS KOFTA
KOFTA KEBABS

Cefais y pleser o goginio'r cebabs yma ar gyfer cynulleidfa anhygoel yng Nghaernarfon. Roedd pob un ohonyn nhw'n gymeriadau, ac yn caru eu bwyd, gyda'r rysáit yma yn llwyddiant mawr. I'w gweini gyda fy Mara Pita sydd ar dudalen 22 a'r Saws Chilli a Tzatziki ar dudalen 120 – pryd y gallwch chi ei fwynhau o'ch cartref.

I had the pleasure of cooking these kebabs for an awesome crowd in Caernarfon in North Wales. They were such characters and loved their food, and this was a firm favourite. Serve these with my Pita Breads on page 22 and my Chilli Sauce and Tzatziki on page 120, for a tasty takeaway style meal to enjoy in the comfort of your own home.

Digon i 30 cebab   *Makes 30 kebabs*

CYNHWYSION   INGREDIENTS

CYNHWYSION		INGREDIENTS
Mins cig oen	**500g**	Minced lamb
Winwnsyn	½	Onion
Ewin garlleg	**3**	Garlic cloves
Llwy de o halen	**1**	Teaspoon of salt
Ychydig o sinsir ffres		Small 'thumb nail' size of fresh ginger
Ychydig o bersli ffres		Small bunch of fresh parsley
Bwnsied bach o fintys		Small bunch of fresh mint
Llwy de yr un o goriander a chwmin	1½	Teaspoons each of ground coriander and ground cumin
Llwy de o sinamon	¾	Teaspoon of ground cinnamon
Llwy de o bupur cayenne	½	Teaspoon of cayenne pepper
Ychydig o bupur du		A grind of black pepper
Sgiwyrs bambŵ wedi eu socian mewn dŵr	**30**	Bamboo skewers, soaked in water

1. Rhowch y winwns, y garlleg, ychydig o sinsir ffres, y persli a'r mintys a'r halen a phupur mewn prosesydd bwyd – gan ychwanegu ychydig o olew i helpu i gymysgu popeth gyda'i gilydd.
2. Unwaith mae popeth wedi cymysgu yn dda, ychwanegwch y gymysgedd at y mins cig oen gyda'r sbeisys mewn powlen fawr a'u cymysgu gyda'ch dwylo.
3. Rhannwch y gymysgedd yn 30 pelen a ffurfiwch bob pelen o gwmpas sgiwyr.
4. Gosodwch y cebabs ar hambwrdd pobi wedi ei iro, a'i orchuddio cyn ei roi yn yr oergell am o leiaf 30 munud, neu dros nos.
5. Twymwch y barbeciw neu'r gril i dymheredd canolig a'i iro ychydig.
6. Coginiwch y cebabs, gan droi bob hyn a hyn – tua 6 munud. Bwytewch yn dwym.

1. In a food processor, blitz the onion, garlic, fresh ginger, parsley, fresh mint, salt and pepper – adding in a little oil to help get things going.
2. Once blitzed, add the mixture to the minced lamb along with the spices in a large bowl and thoroughly mix with your hands.
3. Divide the mixture into 30 balls then form each ball around a skewer.
4. Place the kebabs onto an oiled baking tray, cover and pop into the fridge for at least 30 minutes, or overnight.
5. Preheat a BBQ or grill to a medium heat and lightly oil the grill.
6. Cook the kebabs, turning occasionally until cooked – around 6 minutes. Serve hot.

SAWS CHILLI, TZATZIKI A PHICL
CHILLI SAUCE, TZATZIKI AND PICKLE

Mae'r triawd yma wedi ei gynllunio i fynd yn berffaith gyda'r Koftas Cig Oen a'r Sgiwyrs Cyw Iâr. Mae rhywbeth yma i bawb a phob un yn cydweddu'n berffaith. Tzatziki llawn garlleg, saws chilli twym neu'r picl melys, dyma driawd angenrheidiol ar gyfer unrhyw gebabs. Gorffennwch eich cebabs mewn steil trwy eu gweini gyda fy pitas cartref – mae'r rysáit ar dudalen 22.

This trio of sauces and pickle is designed to match your Lamb Koftas and Chicken Skewers like a dream. There's something here for everyone and each one works perfectly with each other. Cooling and garlicky tzatziki, fiery chilli sauce and tangy sweet pickle – these three are a must for any kebab. To finish your kebab off in style, serve everything in one of my homemade pitas on page 22.

Digon i 6   *Serves 6*

CYNHWYSION Y SAWS CHILLI / CHILLI SAUCE INGREDIENTS

Chilli wedi'i dorri'n fân	4	Bird's eye chillies, chopped
Chilli coch wedi'i dorri'n fân	2	Red chillies, chopped
Ewin garlleg	2	Garlic cloves, chopped
Tomato	9	Tomatoes, chopped
Llwy fwrdd o buree tomato	1	Tablespoon of tomato puree
Llwy de o siwgwr	1	Teaspoon of sugar
Pinsied o halen		A good pinch of salt
Olew		Oil

CYNHWYSION Y TZATZIKI / TZATZIKI INGREDIENTS

Iogwrt Groegaidd	500g	Greek yogurt
Ewin garlleg	3	Cloves of garlic
Ciwcymbr	½	Cucumber
Llwy fwrdd o sudd lemwn	1	Tablespoon of lemon juice
Bwnsied bach o fintys		Small bunch of mint
Halen		Salt to taste

CYNHWYSION Y PICL / PICKLE INGREDIENTS

Winwnsyn coch	1	Red onion
Rhuddygl	7	Radishes
Finegr gwin gwyn	175ml	White wine vinegar
Dŵr	175ml	Water
Llwy de o buprennau	1	Teaspoon of peppercorns
Llwy de o hadau coriander	1	Teaspoon of coriander seeds
Llwy de o naddion chilli	½	Teaspoon of chilli flakes
Llwy de o halen	1	Teaspoon of salt
Llwy fwrdd o siwgwr mân	2	Tablespoons of caster sugar

1. **Saws Chilli** – Twymwch badell dros wres canolig ac ychwanegwch ychydig o olew gyda'r tomatos. Coginiwch am ychydig funudau cyn ychwanegu gweddill y cynhwysion.
2. Coginiwch am 5 munud arall cyn blendio'r cyfan. Gall y saws gael ei fwyta'n dwym neu'n oer.
3. Rhowch mewn jar wedi ei ddiheintio yn yr oergell.
4. **Tzatziki** – Gratiwch ½ y ciwcymbr a'r 3 ewin garlleg a'u gosod mewn powlen cyn ychwanegu sudd lemwn. Cymysgwch bopeth gyda'i gilydd.
5. Ychwanegwch yr iogwrt Groegaidd a'r mintys wedi'i dorri'n fân cyn cymysgu popeth gyda'i gilydd unwaith eto. Ychwanegwch ychydig o halen os oes angen.

1. **Chilli sauce** – Heat a pan over a medium heat and add a little oil along with the tomatoes. Cook for a couple of minutes then add the remaining ingredients.
2. Cook for a further 5 minutes then blend. Can be eaten hot or cold.
3. Store in a sterilised jar in the fridge.
4. **Tzatziki** – Grate ½ a cucumber and 3 garlic cloves, place into a bowl, add 1 tablespoon of lemon juice and stir.
5. Add 500g of Greek yogurt, a small bunch of finely chopped mint and stir to combine. Add a little salt to taste.

6. Rhowch yn yr oergell tan fod angen ei ddefnyddio.
7. Picl – Sleisiwch y winwns a'r rhuddygl yn denau a'u gosod mewn jar.
8. Mewn sosban, dewch â'r finegr gwin gwyn, y dŵr, y sbeisys a'r siwgwr mân i'r berw.
9. Unwaith mae'r hylif yn ffrwtian, arllwyswch yn ofalus dros y winwns a'r rhuddygl gan adael bwlch o 1cm ar y top.
10. Gadewch i oeri am o leiaf awr cyn ei roi yn yr oergell. Gallwch ei fwyta'n syth.

6. Keep in the fridge until needed.
7. Pickle – Thinly slice the red onion and radishes with a sharp knife or a mandolin and place in a jar.
8. In a saucepan bring to a boil the white wine vinegar, water, spices, salt and sugar.
9. Once the liquid starts to bubble, carefully pour over the onion and radishes in the jar, leaving a 1cm gap at the top.
10. Leave to cool for at least an hour then pop into the fridge. Can be eaten straight away.

SGIWYRS CYW IÂR SBEISLYD
SPICED CHICKEN SKEWERS

Dwi'n caru'r Sgiwyrs Cyw Iâr 'ma achos maen nhw'n llawn blas ac yn hawdd iawn i'w gwneud. Mae'r marinâd yn gwneud y gwaith i gyd trwy roi blas gan wneud y cig yn dyner ac yn barod i'w goginio. Mae'r barbeciw yn ychwanegu blas, ond os ydych chi'n eu coginio tu mewn rhowch nhw mewn padell ffrio neu o dan y gril.

I love these Spiced Chicken Skewers because they're full of flavour but also easy to make. The marinade does all the work for you by flavouring and tenderising the meat ready for cooking. The BBQ will give added flavour, but if you're cooking inside, either cook on a griddle pan or under a grill.

Digon i 4–6   *Serves 4–6*

SGIWYRS CYW IÂR		CHICKEN SKEWERS
Clun cyw iâr	**8**	Chicken thighs
Iogwrt naturiol	**200ml**	Natural yogurt
Llwy de o goriander	**2**	Teaspoons of ground coriander
Llwy de o paprika melys	**2**	Teaspoons of sweet paprika
Llwy de o bowdwr chilli	**1**	Teaspoon of chilli powder
Llwy fwrdd o gwmin	**1**	Tablespoon of ground cumin
Llwy de o halen	**1**	Teaspoon of salt
Ewin garlleg wedi'i gratio	**3**	Garlic cloves, grated
Modfedd o sinsir ffres wedi'i gratio	**1**	Inch fresh root ginger, grated

1. Dechreuwch drwy farinadu'r cluniau cyw iâr. Torrwch y cig yn ddarnau y gallwch eu bwyta'n hawdd a'u gosod mewn powlen gyda'r iogwrt naturiol, y coriander, y sbeisys, y garlleg a modfedd o sinsir.
2. Trowch y gymysgedd, gorchuddiwch gyda cling film a'i gosod yn yr oergell am o leiaf awr, ond mae 3 awr yn ddelfrydol.
3. I goginio'r cyw iâr, twymwch y gril yn isel, rhowch y cig ar sgiwyrs metel a'u gosod ar resel wedi ei leinio gyda ffoil.
4. Coginiwch ar un ochr am tua 8–10 munud, neu tan eu bod wedi lliwio. Trowch drosodd a choginiwch am 6–8 munud arall.

1. Start by marinating the chicken thighs. Cut the meat into bite-size chunks and place in a bowl along with the natural yogurt, spices, salt, garlic and fresh ginger.
2. Give the mixture a good stir, cover in cling film and place in the fridge for at least an hour, but around 3 hours is ideal.
3. To cook the chicken, heat the grill to low-moderate, skewer the meat onto metal skewers then place onto a rack lined with foil.
4. Grill on one side for around 8–10 minutes, or until coloured, then carefully turn over and cook for a further 6–8 minutes.

RAMEN LLYSIEUOL CLOU
QUICK VEGETARIAN RAMEN

Dyma gawl nwdls a llysiau Siapaneaidd sy'n llawn blas ac yn digwydd bod yn un o fy hoff fwydydd i swper. Bwyd i'ch cysuro go iawn, ac sy'n sicr o roi cwtsh mawr i chi!

A quick but full-flavoured Japanese noodle and vegetable broth, which just so happens to be one of my favourite suppers. It's a comforting bowl of good food, that's guaranteed to give you a big cwtch!

Digon i 4   *Serves 4*

CYNHWYSION / INGREDIENTS

Ewin garlleg	4	Cloves of garlic
1 fodfedd sinsir ffres		1 inch fresh ginger
Llwy fwrdd o olew sesame	1	Tablespoon of sesame oil
Llwy fwrdd o olew rapeseed	1	Tablespoon of rapeseed oil
Litr stoc llysiau	1	Litre vegetable stock
Llwy fwrdd o saws soy tywyll	3	Tablespoons of dark soy sauce
Llwy fwrdd o mirin	1	Tablespoon of mirin
Madarch shiitake	225g	Shiitake mushrooms
Llysiau gwyrdd Asiaidd	400g	Asian greens
Pupur coch a melyn yr un	½	Each of red and yellow pepper
Shibwns	3	Spring onions
Nwdls ramen	450g	Ramen noodles

I ADDURNO / TO GARNISH

Wy	4	Eggs
Rhuddygl wedi'i sleisio'n denau	4	Radishes, thinly sliced
Chillis ffres		Fresh chillies
Sinsir wedi piclo		Pickled ginger
Llwy de o hadau sesame	2	Teaspoons of black sesame seeds

1. Mewn sosban, berwch ychydig o ddŵr ac ychwanegwch 4 wy a'u mudferwi am 7 munud. Wedyn, tynnwch yr wyau mas a'u rhoi mewn powlen o ddŵr gyda rhew ynddi. Unwaith maen nhw wedi oeri, pliciwch a'u cadw'n gyfan tan eu bod yn barod i'w gweini. Ail-lenwch y sosban gyda dŵr ffres i'r nwdls.

2. Sleisiwch y garlleg, gratiwch sinsir ffres a'u rhoi mewn sosban fawr dros wres canolig-uchel gydag olew sesame a rapeseed. Coginiwch am 1 munud cyn ychwanegu'r stoc, y saws soy a'r mirin.

3. Tynnwch y coesau oddi ar y madarch shiitake a'u sleisio'n denau. Golchwch a sleisiwch y llysiau gwyrdd. Torrwch y pupur coch a melyn a'r shibwns yn fân (torrwch y winwns yn lletraws). Rhowch y madarch yn y stoc a'u coginio am 5 munud. Ychwanegwch y pupur, y shibwns a'r llysiau gwyrdd a'u coginio am 1 munud.

4. Twymwch ddŵr mewn sosban a choginiwch y nwdls ramen am 2–3 munud.

5. I'w gweini, rhowch y nwdls mewn powlen gyda'r llysiau ar eu pen. Addurnwch gyda'r wyau wedi'u torri'n hanner, y rhuddygl, y sinsir wedi piclo, y chillis ffres ac ychydig o hadau sesame.

1. In a medium saucepan, boil some water, add 4 eggs then reduce to a simmer for 7 minutes. After this time, remove the eggs and plunge into a bowl of ice water. Once cool, peel and leave whole until ready to serve. Discard the egg water and fill with fresh water ready to cool the noodles.

2. While the eggs are cooking, slice the garlic cloves and grate fresh ginger and place in a large saucepan over a medium-high heat with sesame and rapeseed oil. Cook for 1 minute then add in the vegetable stock, soy sauce and mirin.

3. Remove the legs from the shiitake mushrooms and slice thinly. Wash and slice the Asian greens. Thinly slice the red and yellow pepper and spring onions (cut the onions diagonally). Place the mushrooms in the stock and cook for 5 minutes. Add peppers, spring onions and greens and cook for 1 minute.

4. Meanwhile, heat the water and boil the ramen noodles until just tender, around 2 to 3 minutes.

5. To serve, place noodles in a bowl and top with broth and vegetables. Garnish with eggs cut in half, radishes, pickled ginger, sliced chillies and black sesame seeds.

JERK BLODFRESYCH
ROASTED JERK CAULIFLOWER

Mae'r pryd traddodiadol Jamaicaidd yma'n sbeislyd a llawn blas. Fe luniais i'r rysáit yma wrth baratoi pryd o fwyd ar gyfer llysieuwyr. Roeddwn i eisiau rhywbeth fyddai llysieuwr a rhywun sy'n caru cig wrth eu boddau yn ei fwyta. Byddwch yn ofalus, mae hwn yn sbeislyd! Ewch i dudalen 128 ar gyfer rysáit Reis a Phys a Salsa Pinafal – mae'r rhain i gyd yn mynd yn dda iawn gyda'i gilydd.

Jerk spicing is a traditional Jamaican dish that is very spicy but also full of flavour. I came up with this recipe when I hosted a vegetarian meal and wanted to serve something that any vegetarian and meat-eater would happily tuck into. Be warned, this is spicy! But coupled with my Rice and Peas and Pineapple Salsa recipe on page 128, these three dishes balance each other impeccably.

Digon i 4–6   Serves 4–6

CYNHWYSION / INGREDIENTS

Chilli jalapeno neu scotch bonnet	1–2	Jalapeno chillies or scotch bonnet
Llwy fwrdd o deim	1	Tablespoon of thyme
Llwy fwrdd o allspice	1	Tablespoon of ground allspice
Ewin garlleg	4	Garlic cloves
Bwnsied mawr o shibwns		Large bunch of spring onions
Llwy fwrdd o siwgwr brown	1	Tablespoon of brown sugar
Llwy de o halen	1	Teaspoon of salt
Llwy de o bupur du	1	Teaspoon of black pepper
Llwy de o nytmeg	½	Teaspoon of ground nutmeg
Sudd leim	½	Lime juice
Sudd oren	1	Orange juice
Finegr gwin gwyn	100ml	White wine vinegar
Llwy fwrdd o saws soy	3	Tablespoons of soy sauce
Llwy fwrdd o olew rapeseed	3	Tablespoons of rapeseed oil

I'W RHOSTIO / TO ROAST

Blodfresychen fawr	1	Large cauliflower
Pupur – unrhyw liw	2	Peppers – any colour

1. Gwnewch y marinâd trwy flendio cynhwysion y saws jerk tan eu bod yn esmwyth.
2. Torrwch y blodfresych yn ffloredau a'r pupur i feintiau tebyg.
3. Rhowch y saws mewn sosban a dod â fe i'r berw. Trowch y gwres i lawr a'i adael i ffrwtian. Ychwanegwch y blodfresych a'r pupur i'r sosban a'u coginio am 5 munud.
4. Rhowch y llysiau a'r saws ar hambwrdd rhostio wedi ei leinio gyda ffoil a'u rhostio mewn ffwrn ar 200˚C / Ffan 180˚C / Nwy 6 am 20 munud.
5. Gallwch ei weini gyda Reis a Phys a Salsa Pinafal.

1. Make the marinade first by blending all the jerk sauce ingredients together until smooth.
2. Chop the cauliflower up into florets and peppers into similar size pieces.
3. Place the jerk sauce in a saucepan and bring to the boil. Reduce to a simmer then add the cauliflower and peppers and cook for 5 minutes.
4. Place the vegetables and sauce on a foil-lined roasting tray and roast in a preheated oven for 20 minutes at 200˚C / Fan 180˚C / Gas mark 6.
5. Serve with Rice and Peas and Pineapple Salsa.

REIS A PHYS A SALSA PINAFAL
RICE AND PEAS AND PINEAPPLE SALSA

Bu'r canwr-gyfansoddwr Kizzy Crawford yn westai ar un o fy rhaglenni a gyda'i hetifeddiaeth Bajan fe rannodd rysáit traddodiadol ei modryb, sef Reis a Phys. Mae'r pryd yma'n mynd yn berffaith gyda'r Jerk Blodfresych, a'r cyfan roedd y pryd ei angen nawr oedd rhywbeth melys i gydbwyso'r blasau cryfion. Dyna ble mae fy Salsa Pinafal yn gweddu'n berffaith. Mae'n rhaid gwneud y tri er mwyn deall pa mor anhygoel yw'r rysáit yma. Gofynnwch i Kizzy, roedd e'n ei hatgoffa o ymweld â'i theulu yn Barbados.

The very talented singer-songwriter Kizzy Crawford was a guest on one of my shows and with her Bajan heritage, she happily shared with me her aunt's recipe for traditional Rice and Peas. This dish matched my Jerk Cauliflower perfectly and all the meal needed now was something sweet and tangy to balance the strong flavours – which is where my Pineapple Salsa fits in neatly. You have to make all three dishes to understand how amazing this dish is; just ask Kizzy as she said it was perfect and reminded her of visiting family in Barbados.

Digon i 4–6   *Serves 4–6*

CYNHWYSION Y REIS A PHYS — RICE AND PEAS INGREDIENTS

Tun o bys gungo gan gynnwys yr hylif	**1**	Tin gungo peas, including liquid
Tun llaeth cnau coco	**1**	Tin coconut milk
Winwnsyn bach	**1**	Small onion
Shibwns wedi'u torri	**2**	Spring onions, chopped
Ewin garlleg wedi'i dorri	**2**	Cloves garlic, chopped
Llwy de o deim sych	**1**	Teaspoon of dried thyme
Llwy de o halen	**1½**	Teaspoons of salt, to taste
Llwy de o bupur	**1**	Teaspoon of pepper
Dŵr	**120ml**	Water
Reis	**400g**	Long grain rice (rinsed and drained)

CYNHWYSION Y SALSA — SALSA INGREDIENTS

Pinafal	**1**	Pineapple
Chilli coch	**1**	Medium red chilli
Shibwns mawr	**3**	Large spring onions
Leim	**1–2**	Limes
Halen		Salt to taste
Llwy fwrdd o olew rapeseed	**3**	Tablespoons of rapeseed oil
Bwnsied o goriander		Small bunch of coriander

1. **Reis a Phys** – Gwagiwch y tun pys a'i hylif i sosban fawr.
2. Llenwch y tun gwag gyda dŵr a'i ychwanegu i'r sosban. Ychwanegwch winwnsyn bach wedi'i dorri, shibwns, garlleg, teim sych, halen a phupur.
3. Ychwanegwch laeth cnau coco a dŵr a dewch â'r gymysgedd i'r berw.
4. Ychwanegwch y reis a'i ferwi ar wres uchel am 2 funud.
5. Trowch y gwres i lawr yn isel a'i goginio wedi ei orchuddio tan fod yr holl ddŵr wedi cael ei amsugno (tua 15–20 munud). Cymysgwch gyda fforc cyn gweini.
6. **Salsa Pinafal** – Tynnwch y croen oddi ar y pinafal a'i dorri'n giwbiau bach. Torrwch y chilli, y shibwns a'r coriander a'u rhoi mewn powlen gyda'r pinafal.
7. Gwasgwch sudd leim ac ychwanegwch yr olew – rhowch ychydig o halen ar ei ben i'w sesno. Ychwanegwch fwy o sudd leim a halen fel bo'r angen.

1. **Rice and Peas** – Empty the canned gungo peas and liquid into a large saucepan.
2. Fill the empty can with water and pour into the saucepan. Add the chopped onion, spring onions, garlic, dried thyme, salt and pepper.
3. Then, add the coconut milk and water and bring to a boil.
4. Add the long grain rice and boil on high for 2 minutes.
5. Turn the heat down low, and cook covered until all the water is absorbed (about 15 to 20 minutes). Fluff with a fork before serving.
6. **Pineapple Salsa** – Remove the skin from the pineapple and chop into small cubes. Chop the chilli, spring onions and coriander and place in a bowl along with the pineapple.
7. Squeeze in the lime juice and add the oil – season with a little salt, stir and taste to check the seasoning. Add more lime juice or salt as needed.

POTIAU SIOCLED GYDA SAWS LLUGAERON
GOOEY CHOCOLATE POTS WITH CRANBERRY SAUCE

Pan dwi'n cynnal swper gartref, dyma'r pwdin mae'r rhan fwyaf o bobl yn gofyn amdano. Fondant siocled yw hwn yn y bôn, ond dwi'n ei weini mewn ramecin gan eu bod nhw'n fwy gludiog na fondant, felly fyddan nhw ddim yn cadw eu siâp wrth eu troi mas. I'w gweini gyda crème fraîche a mafon ffres neu hufen iâ.

When I host suppers at home, this is the most frequently requested dessert. It's a chocolate fondant by any other name, however I serve them in the ramekins as they're slightly more gooey than a fondant and won't keep their shape if you turn them out. Serve with some crème fraîche and fresh raspberries or a scoop of ice cream.

Digon i 4   *Serves 4*

CYNHWYSION — INGREDIENTS

Siocled tywyll wedi'i dorri	**115g**	Dark chocolate, chopped
Menyn heb ei halltu	**115g**	Unsalted butter
Wy	**3**	Eggs
Siwgwr brown golau meddal	**175g**	Soft light brown sugar
Blawd plaen	**50g**	Plain flour

I ADDURNO — TO GARNISH

Pot bach o crème fraîche		Small pot of crème fraîche
Llugaeron – ffres neu wedi rhewi	**200g**	Cranberries – fresh or frozen
Croen a sudd oren	**1**	Orange, zest and juice
Siwgwr mân	**100g**	Caster sugar

1. Twymwch y ffwrn i 200°C / Ffan 180°C / Nwy 6.
2. Toddwch y siocled a'r menyn mewn powlen wydr dros sosban o ddŵr sy'n mudferwi a'i droi'n achlysurol tan ei fod wedi toddi.
3. Mewn powlen, curwch yr wyau, y siwgwr brown golau a'r blawd plaen.
4. Unwaith mae wedi toddi, curwch y siocled i mewn i'r gymysgedd menyn yn araf. Rhowch i'r naill ochr er mwyn paratoi eich ramecins.
5. Irwch 4 ramecin gyda menyn ac ychwanegwch ychydig o flawd neu bowdwr coco i orchuddio'r menyn. Ysgwydwch y ramecins i gael gwared ar unrhyw flawd ychwanegol.
6. Arllwyswch y gymysgedd i'r ramecins, gosodwch ar hambwrdd pobi a'u rhoi yn y ffwrn am 10–12 munud.
7. Tra mae'r potiau yn pobi, rhowch y llugaeron gyda chroen a sudd oren mewn sosban i ferwi. Ychwanegwch hanner y siwgwr (50g) a'i gymysgu i mewn. Blaswch i weld a oes angen mwy o siwgwr. Gadewch i fudferwi tan fod y ffrwythau wedi meddalu. Unwaith maen nhw'n feddal, gadewch i oeri cyn gweini.
8. Bydd y potiau wedi setio ar y tu fas, ond bydd y tu mewn yn ludiog.
9. Bwytewch yn syth bìn gyda crème fraîche ac ychydig o'r saws llugaeron.

1. Preheat the oven to 200°C / Fan 180°C / Gas mark 6.
2. Melt the chocolate and butter in a glass bowl over a saucepan of simmering water and stir occasionally until melted.
3. In a bowl, whisk together the eggs, soft brown sugar and plain flour.
4. Once melted, gradually whisk in the melted chocolate and butter mixture. Put to one side whilst you prep your ramekins.
5. Grease 4 ramekins with butter and dust with flour or cocoa powder to cover the butter, shaking the ramekins to get rid of any excess flour.
6. Pour the mixture into the ramekins, then place them on a baking sheet in the oven for 10–12 minutes.
7. Whilst the pots are baking, place the cranberries along with the orange juice and zest in a saucepan and bring to a boil. Add in half of the sugar (50g) and stir in. Taste to check if you need to add more sugar. Leave to simmer until the fruit is soft and has broken down. Once soft, leave to cool a little.
8. The pots will be set on the outside, but still gooey in the middle.
9. Serve immediately with a dollop of crème fraîche and some cranberry sauce.

CEBABS FFRWYTHAU
FRUIT KEBABS

Ni'n caru ffrwythau i bwdin yn ein teulu ni, yn ffres neu wedi'u coginio – yn enwedig ar y barbeciw! Mae'r cebabs yma yn syml ond yn felys ac yn ffordd dda o orffen pryd o fwyd. Maen nhw hefyd yn llawer o hwyl i'w gwneud a'u bwyta. Mae'r rŷm yn opsiynol ac ar gyfer yr oedolion yn unig wrth gwrs!

We're huge fans of fruit as pudding in our family, served fresh or cooked – and especially on the BBQ! These kebabs are simple yet a sweet and satisfying way to finish off a meal and are also lots of fun to make and eat. The rum is optional and for grown-ups of course!

Digon i 6   *Serves 6*

CYNHWYSION   INGREDIENTS

Pinafal	**1**	Pineapple
Eirin gwlanog	**4**	Peaches
Llwy fwrdd o siwgwr brown	**2–3**	Tablespoons of brown sugar
Llwy fwrdd o rŷm	**2–3**	Tablespoons of rum

I'W GWEINI   TO SERVE

Iogwrt Groegaidd	**150ml**	Greek yogurt
Cnau coco mân sych wedi'u tostio	**50g**	Toasted desiccated coconut
Leim wedi'i dorri yn sleisys	**1–2**	Limes cut into wedges

1. Tynnwch y croen oddi ar y pinafal a'i dorri'n chwarteri; tynnwch y canol mas. Torrwch yn ddarnau sy'n hawdd i'w bwyta a'u rhoi ar sgiwyrs bambŵ sydd wedi eu gwlychu o flaen llaw.
2. Torrwch yr eirin gwlanog yn eu hanner a thynnu'r garreg mas. Torrwch yn chwarteri gan adael y croen ymlaen. Rhowch ar y sgiwyrs bambŵ.
3. Ysgeintiwch siwgwr brown ar hyd y cebabs ynghyd ag ychydig o rŷm.
4. Coginiwch ar farbeciw neu o dan y gril a'u troi bob hyn a hyn tan eu bod wedi deifio.
5. Bwytewch y cebabs yn dwym gydag ychydig o crème fraîche, cnau coco wedi'u tostio a sudd leim.

1. Remove the skin from the pineapple, cut into quarters and remove the core. Cut the pineapple into large bite-size pieces and thread onto some previously soaked bamboo skewers.
2. Cut the peaches in half, remove the stone and cut into quarters leaving the skin on. Thread onto some bamboo skewers.
3. Sprinkle brown sugar over the kebabs along with a good drizzle of the rum.
4. Cook on a BBQ or under a grill, turning occasionally until charred.
5. Serve hot with the crème fraîche, toasted desiccated coconut and a squeeze of lime.

DIODYDD A THAMEIDIAU BACH BLASUS

Fel dywed rhai, mae hi'n 5 o'r gloch yn rhywle yn y byd, a fi'n caru canapes gyda choctel neu ddau! O dips syml a phate mecryll i ryseitiau mwy ecsotig fel cacennau pysgod Thai a Churros; mae nifer o ryseitiau fan hyn sy'n berffaith ar gyfer unrhyw barti neu achlysur.

DRINKS
AND
NIBBLES

As the saying goes, it's 5 o'clock somewhere in the world and I do love a cheeky canape and cocktail or two! From easy and tasty dips and mackerel pate to something a little more exotic like my Thai fish cakes and Churros; here you'll find a couple of cocktails and some tasty nibbles, perfect for any party or occasion.

ORENCELLO A CHOCTEL BYBLS BECA
ORENCELLO AND BECA'S BUBBLES COCKTAIL

Mae gwneud eich liqueur eich hunain yn syml, ac yn gwneud anrheg arbennig… bosib ei fod yn rhy hawdd i'w wneud! Mae'r Orencello yn amrywiad ar Limoncello, liqueur traddodiadol Eidalaidd. Mae'r Orencello yn flasus ar ei ben ei hun gyda rhew, neu mewn coctel fel fy Bybls Beca sydd i'w weld isod.

Making your own liqueur to enjoy at home or give to someone as a gift is simple… a little too simple maybe! This Orencello is a play on the traditional Italian liqueur Limoncello, but with orange! My Orencello is delicious served neat over crushed ice or served in a cocktail like my Beca's Bubbles recipe below.

CYNHWYSION YR ORENCELLO · ORENCELLO INGREDIENTS

Oren mawr	5	Large oranges
Siwgwr mân	180g	Caster sugar
Potel o fodca	70cl	Bottle of vodka
Dŵr	300ml	Water

BYBLS BECA · BECA'S BUBBLES

Rhan orencello	1	Part orencello
Rhan sudd pomgranad	3	Parts pomegranate juice
Llenwch weddill y gwydryn gyda prosecco		Top up glass with prosecco
Hadau pomgranad		Pomegranate seeds

1. **Orencello** – Tynnwch y croen oddi ar yr orenau mewn stribedi a'u rhoi mewn sosban gyda dŵr a siwgwr.
2. Arhoswch iddo ferwi gan ei droi ambell dro tan fod y siwgwr wedi toddi, tynnwch oddi ar y gwres a'i adael am 15 munud.
3. Yn y cyfamser, gwasgwch y sudd o'r orenau ac ar ôl 15 munud ychwanegwch y sudd i'r sosban a'i adael i fudferwi am 5 munud arall. Tynnwch oddi ar y gwres a'i adael i oeri.
4. Arllwyswch y fodca i jar 2 litr wedi'i ddiheintio ac ychwanegwch y surop gyda'r croen a'i selio.
5. Rhaid ei adael am wythnos mewn lle oer a thywyll gan ysgwyd y jar unwaith bob dydd. Wedi hynny bydd angen ei gadw mewn potel bert yn yr oergell a'i yfed yn aml!
6. **Bybls Beca** – Defnyddiwch wydr tymbler bach a'i lenwi i'r hanner gyda rhew.
7. Arllwyswch yr Orencello a'r sudd pomgranad a'i droi i'w gymysgu.
8. Llenwch weddill y gwydr gyda prosecco ac addurnwch y gwydr gyda sleisen o oren ac ychydig o hadau pomgranad.

1. **Orencello** – Remove the zest from the oranges in strips and put in a saucepan with water and caster sugar.
2. Bring to a boil and stir occasionally until the sugar has dissolved, reduce the heat and simmer for 15 minutes.
3. Meanwhile, squeeze the juice from the oranges, and after the 15 minutes add the juice to the pan and simmer for another 5 minutes. Remove from heat and cool.
4. Pour the vodka into a large sterile 2 litre jar and add the syrup with the zest and seal.
5. Leave for a week in a dark cool place, shaking the jar once a day. Strain into a pretty bottle, keep in the fridge and drink often!
6. **Beca's Bubbles** – Use a small tumbler and fill halfway with ice.
7. Pour in the Orencello and pomegranate juice and stir until mixed.
8. Top up with prosecco and decorate with a ¼ slice of orange and some pomegranate seeds.

COCTELS JIN
GIN COCKTAILS

Dwi'n caru jin, ac ers ffilmio rhaglen yn y Ginhaus yn Llandeilo lle roedd pob rysáit wnes i goginio yn cynnwys jin – dwi'n teimlo fel pe bawn i'n aficionado jin! Dyma rai coctels jin anhygoel allwch chi eu cymysgu a'u mwynhau gartref.

I do love a gin or two, and since filming a programme at the Ginhaus in Llandeilo where all my recipes included gin – I feel like I've become a gin aficionado! Here you'll find some tasty gin cocktails to shake and enjoy in the comfort of your own home.

COCTEL CIWCYMBR   CUCUMBER COCKTAIL

Jin	**50ml**	Gin
Dail mintys ffres	**5–7**	Mint leaves
Sleisys ciwcymbr wedi'u chwarteru	**2–3**	Slices of cucumber
Tonic blodau ysgawen	**150ml**	Elderflower tonic
Rhew		Ice

JIN MÊL A LEMWN   LEMON AND HONEY GIN

Jin	**50ml**	Gin
Llwy fwrdd o fêl	**1**	Tablespoon of honey
Llwy fwrdd o ddŵr poeth	**½**	Tablespoon of hot water
Sudd hanner lemwn	**½**	Juice of half a lemon
Rhew		Ice

GRAWNFFRWYTH A JIN   GRAPEFRUIT AND GIN

Jin	**50ml**	Gin
Tonic grawnffrwyth	**150ml**	Grapefruit tonic
Sleisen o rawnffrwyth ffres		A slice of fresh grapefruit
Rhew		Ice

JIN TURKISH DELIGHT   TURKISH DELIGHT GIN

Jin	**50ml**	Gin
Sudd pomgranad	**150ml**	Pomegranate juice
Ychydig ddiferion o ddŵr rhosod		A few drops of rose water
Hadau pomgranad		Pomegranate seeds
Rhew		Ice

1. Coctel Ciwcymbr – Rhowch y mintys, y ciwcymbr a'r jin mewn gwydr tal a'u gwasgu gyda'i gilydd i ryddhau'r blas. Ychwanegwch rew a gorffen gydag ychydig o'r tonic.
2. Jin Mêl a Lemwn – Cymysgwch y mêl a'r dŵr i ffurfio surop. Rhowch y surop, y jin a'r sudd lemwn mewn ysgwydwr coctel – dwi'n siŵr fod 'na un yng nghefn eich cwpwrdd yn rhywle! Ysgwydwch y coctel am 10–15 eiliad. Gallwch ei weini'n syth o'r ysgwydwr neu ei roi dros rew.
3. Grawnffrwyth a Jin – Mesurwch y jin mewn gwydr ac ychwanegwch rew. Gwasgwch eich tamaid o rawnffrwyth a'i roi yn y gwydr. Gorffennwch gyda'r tonic grawnffrwyth.
4. Jin Turkish Delight – Mesurwch y jin i wydr ac ychwanegwch ychydig ddiferion o'r dŵr rhosod a rhew. Trowch bopeth i'w cyfuno cyn ychwanegu'r sudd pomgranad a'r hadau.

1. **Cucumber Cocktail** – Place the mint, cucumber and gin in a glass and squeeze together to release the flavours. Add ice and finish off with the tonic.
2. **Lemon and Honey Gin** – Mix the honey and water to form a syrup. Place the syrup, gin and lemon juice in a cocktail shaker. Shake for 10–15 seconds. Serve immediately from the shaker, or over ice.
3. **Grapefruit and Gin** – Measure your gin in a glass and add ice. Squeeze your grapefruit slice and place in the glass. Finish off with grapefruit tonic.
4. **Turkish Delight Gin** – Measure your gin in a glass and add a few drops of rosewater and the ice. Mix everything together before adding the pomegranate juice and seeds.

CACENNAU PYSGOD THAI
THAI FISH CAKES

Dwi'n caru cacennau pysgod, ac mae'r rhain yn fy atgoffa o fy nyddiau fel myfyriwr yn teithio o amgylch Gwlad Thai. Perffaith fel pryd bach o fwyd neu i'w rannu gyda ffrindiau.

I'm a huge fan of fish cakes and these Thai inspired cakes remind me of my travelling days through Thailand as a student. A great little snack or nibble or to share with friends.

Digon i 4–6   *Serves 4–6*

CYNHWYSION / INGREDIENTS

Mins porc ffres	**100g**	Fresh pork mince
Pysgod gwyn, heb groen nac esgyrn	**200g**	White fish (cod or pollock), skinless and boneless
Corgimychiaid mawr amrwd	**100g**	Raw king prawns
Llwy de o halen	**1½**	Teaspoons of salt
Llwy de o siwgwr	**1½**	Teaspoons of sugar
Croen leim	**2**	Lime zest
Chilli coch ffres	**2**	Fresh red chillies
Llwy fwrdd o saws pysgod	**1½**	Tablespoons of fish sauce – if you have it in the cupboard!
Shibwns wedi'u malu'n fân	**3**	Spring onions, finely chopped
Ffa gwrdd	**50g**	Green beans – either snake or French beans
Llond llaw o goriander, wedi'i dorri		Handful of fresh coriander, roughly chopped
Gwyn wy	**1**	Egg white
Olew llysiau ar gyfer coginio		Vegetable oil for cooking

SAWS / SAUCE

Llwy fwrdd o win reis, neu finegr gwin gwyn	**6**	Tablespoons of rice wine or white wine vinegar
Llwy fwrdd o siwgwr	**2–3**	Tablespoons of sugar
Tamaid o giwcymbr yr un maint â'ch bawd, wedi'i dorri'n fân		A thumb size piece of cucumber, finely diced
Winwnsyn coch wedi'i dorri'n fân	**½**	Small red onion, finely diced
Chilli coch wedi'i dorri'n fân	**½**	Red chilli, finely diced
Modfedd o sinsir ffres wedi'i gratio	**1**	Inch of fresh ginger, grated
Ychydig o ddŵr		A little water to adjust the taste
Pinsied o halen		A pinch of salt

I'W GWEINI / TO SERVE

Leim, wedi'i dorri'n sleisys	**1–2**	Limes, cut into wedges
Y saws dipio		The dipping sauce

1. Mewn prosesydd bwyd, rhowch y mins porc, y pysgod gwyn, yr halen, y siwgwr, y croen leim, y chilli, y saws pysgod, y shibwns, y coriander a'r gwyn wy a'u cymysgu'n dda.

2. Crafwch y gymysgedd i mewn i bowlen. Torrwch y ffa gwyrdd a'r corgimychiaid yn fân, a'u hychwanegu i'r gymysgedd. Gyda dwylo gwlyb, ffurfiwch gacennau bach crwn a'u gosod ar dun neu blât wedi'i iro.

3. Twymwch badell ffrio gydag olew dros wres canolig-uchel, gan goginio'r cacennau tan eu bod yn euraidd. Draeniwch ar bapur cegin a'u cadw'n dwym yn y ffwrn tan eich bod chi'n barod i'w gweini.

1. In a food processor, put the pork mince, white fish, salt, sugar, lime zest, the chillies, fish sauce, spring onions, coriander and egg white and mix until well combined.

2. Scrape out the mixture into a bowl. Finely chop the green beans and chop the prawns quite small and add to the bowl and stir to combine. With wet hands, form small patties using a tablespoon and flattening them in your hands and place on a greased tray or plate whilst you shape the rest of the mixture.

3. Heat a frying pan with some oil over a medium-high heat and cook the patties in batches until golden brown. Drain on some kitchen roll and keep warm in the oven until ready to serve.

4. I wneud y saws dipio, torrwch y ciwcymbr, y winwns a'r chilli a gratiwch y sinsir mewn powlen fach. Ychwanegwch y siwgwr a phinsied o halen cyn rhoi'r finegr a dŵr i lacio'r gymysgedd.

5. I'w gweini'n dwym gydag ychydig o leim a'r saws dipio.

4. For the dipping sauce, finely dice the cucumber, onion and chilli and grate the ginger into a small bowl. Add the sugar and a pinch of salt before adding the vinegar and a drop of water to loosen and adjust the taste to your palate.

5. Serve the fish cakes warm with some wedges of lime and the dipping sauce.

CORGIMYCHIAID GARLLEG
GARLIC PRAWNS

Yn aml, y ryseitiau symlaf yw'r rhai sy'n plesio fwyaf – yn enwedig gyda chynhwysyn fel corgimychiaid. Coginiwch nhw mewn olew, garlleg a naddion chilli gyda gwasgiad o sudd lemwn. I'w gweini gyda sleisen o fara i socian y sudd... Mae'r syniad yn tynnu dŵr i'r dannedd! Bonws y pryd yma yw nad yw'n cymryd llawer o amser chwaith.

Often, it's the simple recipes that are the most satisfying – especially when you have great ingredients like king prawns. Simply cooked in a little oil, garlic and chilli flakes, with a squeeze of lemon and served with crusty bread to mop up the juices... My mouth is watering just thinking about it! The bonus of this dish is that it doesn't take long to cook either.

Digon i 4–6   *Serves 4–6*

CYNHWYSION / INGREDIENTS

Olew olewydd		Olive oil
Ewin garlleg wedi'i dorri'n fân	**6–8**	Garlic cloves, sliced
Llwy de o chilli wedi sychu	**½–1**	Teaspoon of crushed dried chilli
Corgimychiaid ffres	**500g**	Fresh prawns, shell on or off – up to you
Halen		Salt to taste
Llond llaw o bersli ffres		Handful of fresh flat parsley, chopped

I'W GWEINI / TO SERVE

Lemwn, wedi'i dorri yn sleisys	**1**	Lemon, cut into wedges
Bara ffres		Crusty bread

1. Defnyddiwch badell ffrio fawr gyda digon o olew olewydd ynddi a garlleg wedi'i dorri'n fân.
2. Trowch y gwres lan i wres canolig a choginio'r garlleg am 2 funud cyn ychwanegu'r corgimychiaid. Trowch yn ofalus fel bod y garlleg ddim yn llosgi.
3. Gwnewch yn siŵr bod y corgimychiaid yn hollol binc cyn ychwanegu pinsied o halen a llond llaw o bersli.
4. Coginiwch am funud arall cyn eu gweini gyda sleisys o lemwn a bara ffres.

1. Use a large frying pan and add a good glug of olive oil along with the garlic cloves.
2. Turn on the heat to medium and once the garlic starts to sizzle, stir so that it doesn't burn. Cook for around 2 minutes then add the fresh prawns. Stir gently allowing the prawns to cook, but not letting the garlic burn.
3. Make sure that all the prawns are entirely pink, then add a good pinch of salt and a handful of parsley.
4. Cook for a further minute then serve with wedges of lemon and crusty bread.

PATE MECRYLL
MACKEREL PATE

Roeddwn i'n arfer cynnal prydau bwyd gyda fy ffrind Ben pan oedden ni'n rhannu fflat yn Llundain. Yn aml bydden ni'n gwneud yr un tri phryd; Shepherd's Pie yn brif gwrs, Brownis Cartref a hufen iâ i bwdin a Phate Mecryll ar dost bob tro ar gyfer y cwrs cyntaf. Bwyd gonest sy'n ddiffwdan ac apelgar. Felly dyma rysáit Pate Mecryll Ben, ac fe fyddwn i'n ei weini gyda fy Mara Soda sydd ar dudalen 28.

When my old flatmate Ben and I used to host suppers in our flat in London, we would usually make the same three dishes; main course would be Shepherd's Pie, dessert was Homemade Brownies and Homemade Ice Cream and starters would always be Mackerel Pate and toast. Honest food that we knew would be stress-free and appeal to all our friends. So here's Ben's Mackerel Pate and I'd serve it with my Soda Bread on page 28.

Digon i 4   *Serves 4*

CYNHWYSION Y PATE   PATE INGREDIENTS

Macrell pupurog	**250g**	Peppered mackerel
Crème fraîche	**100ml**	Crème fraîche
Sudd lemwn	½	Juice of lemon
Ychydig o bersli ffres neu dil		A few sprigs of fresh parsley or dill

1. Y cyfan chi angen yw paced o fecryll pupurog, pot bach o crème fraîche a lemwn.
2. Tynnwch y croen oddi ar y macrell a'i falu'n fân i mewn i bowlen.
3. Ychwanegwch ychydig o'r crème fraîche a sudd lemwn a'i gymysgu yn dda gyda fforc. Blaswch, ac ychwanegwch binsied o halen ac ychydig mwy o'r crème fraîche neu sudd lemwn os oes angen.
4. Does dim angen i'r pate fod yn esmwyth, felly peidiwch â'i roi yn y prosesydd bwyd.
5. Gosodwch ar ddarn o fara soda gyda menyn a'i addurno gyda sleisen denau o lemwn ac ychydig o berlysiau. Mwynhewch.

1. All you need is a pack of peppered mackerel fillets, a small pot of crème fraîche and a lemon.
2. Peel the skin off the mackerel and flake into a bowl.
3. Add a couple of tablespoons of crème fraîche along with a squeeze of lemon and mix well with a fork. Taste to check seasoning and adjust if you want by adding a pinch of salt, or more crème fraîche or more lemon juice.
4. The pate should have texture so don't make this in a food processor.
5. Serve on a small piece of buttered soda bread and garnish with a tiny thin slice of lemon and a sprig of whatever fresh green herb you have. Enjoy.

MADARCH AR DOST
MUSHROOMS ON TOAST

Dwi'n aml yn coginio madarch ar dost i ginio gan ei fod yn sydyn i'w wneud. Mae haenau o'r blas madarch, y rhai ffres a'r rhai sych, yn ychwanegu dyfnder i'r pryd. I'w gweini ar Fara Soda gyda digon o fenyn arno; mae'r rysáit ar dudalen 28. Mae'n gwneud pryd o fwyd lysh, neu'n wych fel canapes yn ystod y gaeaf gan ei fod yn gysurlon heb fod yn rhy drwm.

I often make myself mushrooms on toast for lunch as it's quick and never fails to hit the spot. The layers of rich mushroom flavour from both fresh and dried varieties add a meaty savoury depth to the dish. Serve on the toasted buttered Soda Bread on page 28 as a meal, or this makes for a great canape to serve during the winter as it's comforting without being heavy.

Digon i 4   *Serves 4*

CYNHWYSION   INGREDIENTS

Torth o fara soda	**1**	Soda bread loaf
Llwy fwrdd o olew olewydd	**3**	Tablespoons of olive oil
Shibwns wedi'u torri'n fân	**4**	Shallots, finely chopped
Ewin garlleg	**4**	Garlic cloves, crushed
Madarch porcini sych wedi eu socian mewn dŵr twym am 30 munud	**50g**	Dried porcini mushrooms, soaked in hot water for 30 minutes
Madarch castan wedi'u torri	**200g**	Chestnut mushrooms, roughly chopped
Llwy de o deim a rhagor i'w weini	**2**	Teaspoons of chopped thyme leaves, plus extra to serve
Llwy fwrdd o gaws mascarpone	**6**	Tablespoons of mascarpone
Hufen sengl	**50–75ml**	Single cream
Parmesan	**100g**	Parmesan

1. Twymwch yr olew mewn padell ffrio. Ychwanegwch y shibwns a'r garlleg a'u ffrio'n ysgafn am ychydig funudau.
2. Tynnwch y madarch porcini o'r dŵr a gwasgwch unrhyw hylif sy'n weddill.
3. Torrwch yn fras a'u rhoi yn y badell gyda'r madarch castan a'r teim. Coginiwch am 5 munud.
4. Os yw'r gymysgedd yn sych, ychwanegwch ychydig o hylif y madarch.
5. Tynnwch oddi ar y gwres a chymysgwch y mascarpone, yr hufen a'r parmesan i mewn.
6. Sleisiwch y bara soda a'i dostio. Torrwch yn drionglau bach.
7. Rhowch lwyaid hael o'r gymysgedd ar ben y tost a'i weini'n dwym.

1. Heat the oil in a frying pan. Add the shallots and garlic, and gently sauté for a couple of minutes.
2. Remove the porcini mushrooms from the soaking liquid and squeeze out any excess.
3. Roughly chop and add to the pan along with the chestnut mushrooms and thyme. Cook for about 5 minutes.
4. If the mixture seems dry, add a little mushroom soaking liquid.
5. Remove from the heat and stir in the mascarpone, cream and parmesan.
6. Slice the soda bread and toast and cut into small triangles.
7. Spoon on a generous amount of mushrooms and serve warm.

CANAPES CWPANAU FILO
FILO CANAPE CUPS

Mae crwst filo mor amlbwrpas ac yn grwst da i'w storio yn y rhewgell a'i ddefnyddio fel y mynnwch. Dwi wrth fy modd yn gwneud cwpanau bach filo i'w gweini fel canapes gan eu bod nhw'n ysgafn ac yn ddelfrydol i'w llenwi gydag unrhyw beth sy'n mynd â'ch bryd. Gallwch wneud y cwpanau o flaen llaw, ynghyd â'r llenwad. Dyma rai o fy ffefrynnau i chi gael rhoi tro arnyn nhw.

Filo pastry is so versatile and is a great pastry to have in your freezer to use at short notice. I like to make little filo cups from the pastry to serve as canapes as they're light yet crispy and are a great vehicle for carrying any fillings you fancy. You can make the cups in advance as well as the filling, then easily fill the cups when you're ready to serve. Here are some of my favourite flavour combinations for you to try.

Digon i 6–8   *Serves 6–8*

CYNHWYSION / INGREDIENTS

Crwst filo o siop		Shop-bought filo pastry
Menyn wedi toddi		Melted butter

LLENWAD CYW IÂR / CHICKEN FILLING

Cyw iâr		Left over chicken or 1 chicken breast
Letys iceberg		Iceberg lettuce
Dresin Cesar		Ceasar dressing
Sleisys o fara	1–2	Slices of bread
Parmesan		Parmesan

LLENWAD CORGIMWCH / PRAWN FILLING

Letys iceberg		Iceberg lettuce
Corgimwch wedi coginio		Cooked prawns
Tomatos bach		Cherry tomatoes
Modfedd o giwcymbr	2	Inches of cucumber
Mayonnaise		Mayonnaise
Sos coch		Tomato ketchup
Saws tabasco		Tabasco sauce
Pupur cayenne		Cayenne pepper

SALAD GROEGAIDD / GREEK SALAD

Paced o gaws feta	½	Packet of feta cheese
Modfedd o giwcymbr	2	Inches of cucumber
Llond llaw o domatos bach		A handful of cherry tomatoes
Winwnsyn coch	½	Red onion
Olewydd du		Black olives
Mintys ffres		Fresh mint
Sudd lemwn		Lemon juice
Olew olewydd		Olive oil

1. Ar gyfer gwneud y cwpanau filo, irwch dun myffins bach gyda menyn a thwymwch y ffwrn i 180°C / Ffan 160°C / Nwy 4. Wrth weithio gyda'r crwst filo, gadewch unrhyw grwst sydd ddim yn cael ei ddefnyddio o dan liain llaith fel ei fod e ddim yn sychu. Rhowch un haen o filo ar fwrdd wedi ei orchuddio â blawd a'i frwsio gyda menyn wedi toddi, ac yna ychwanegwch haen arall ar ei ben. Brwsiwch gyda mwy o fenyn a rhoi haen arall ar y top. Mae gan y crwst 3 haen iddo nawr. Gan ddefnyddio torrwr

1. To make the cups, grease a mini-muffin tin with butter and preheat the oven to 180°C / Fan 160°C / Gas mark 4. Whilst you're working with the filo pastry, keep any unused pastry under a damp tea towel so that it won't dry out. Place one sheet of filo on a lightly floured surface and brush with some melted butter, then place another sheet on top. Brush with more butter then place the last sheet on top, meaning that the pastry is now 3 sheets thick. Using a round cutter, which is slightly bigger than

cylch sydd ychydig yn fwy na thyllau'r myffins, torrwch eich crwst a leiniwch yr hambwrdd. Pobwch yn y ffwrn tan fod y toes yn euraidd, tua 15–20 munud. Tynnwch o'r ffwrn a gadael iddyn nhw oeri yn yr hambwrdd cyn eu tynnu mas i'w llenwi.

2. Ar gyfer y Cyw Iâr Cesar – Torrwch y letys a'r cyw iâr yn stribedi tenau a'u rhoi mewn powlen. Torrwch y bara yn giwbiau bach a'u rhoi mewn olew olewydd gyda halen. Rhowch mewn ffwrn ar 180°C / Ffan 160°C / Nwy 4 tan eu bod nhw'n euraidd. Gadewch i oeri. Ychwanegwch ddresin i'r cyw iâr a'r letys – digon i orchuddio pob dim, ac yna rhowch y gymysgedd yn y cwpanau filo. Gorffennwch gyda crouton ar ben pob un ac ychydig o gaws parmesan. Gallwch hefyd ddefnyddio ychydig o ansiofi os dymunwch.

3. Llenwad Corgimwch – I wneud y llenwad yma, torrwch y letys yn stribedi tenau a'u rhoi mewn powlen gyda thomatos a ciwcymbr sydd wedi eu torri yn fân. Rhowch mewn tair o'r cwpanau. Mewn powlen fach, cymysgwch yr un faint o'r sos coch a'r mayonnaise gan ychwanegu diferyn neu ddau o tabasco. Cymysgwch y corgimwch i fewn i'r saws a gosod 2–3 ohonyn nhw ar bob cwpan filo. Gorffennwch gydag ychydig o bupur cayenne i'w gorchuddio.

4. Ar gyfer y llenwad Salad Groegaidd – Torrwch y caws feta, y ciwcymbr, y tomatos, y winwns a'r olewydd i feintiau bach hafal a'u rhoi mewn powlen. Torrwch y mintys yn fân a'i ychwanegu i'r salad gydag ychydig o halen, diferyn o sudd lemwn ac olew olewydd. Cymysgwch yn dda a rhoi llwyaid helaeth yn y cwpanau filo.

the mini-muffin holes, cut out your pastry and line the tray. Bake in the oven until golden brown, around 15–20 minutes. Remove and leave to cool in the tray before taking out to fill.

2. To make the **Chicken Ceasar filling**, cut the iceberg into thin long pieces, shred the chicken into small pieces and place in a bowl. Cut your bread into very small cubes and toss in some olive oil and salt. Pop into a hot oven, around 180°C / Fan 160°C / Gas mark 4 , until golden and crunchy; leave to cool. Add in some of the dressing to the chicken and iceberg – enough to coat everything, then spoon the mixture into the cups. Finish by decorating each cup with 1–2 croutons and a small shaving of parmesan cheese. You can also add a very small piece of anchovy if you like.

3. To make the **Prawn Cocktail filling**, shred the lettuce into very thin pieces and cut the tomatoes and cucumber into a small dice. Place a little of all three into the cups. In a small bowl, mix together equal quantities of mayonnaise and ketchup and add one or two drops of tabasco. Mix in the prawns then place 2–3 prawns on each salad cup. Finish with a dusting of cayenne pepper.

4. For the **Greek Salad** filling, cut the feta, cucumber, tomatoes, onion and olives into small, equal size pieces and place in a bowl. Finely shred the mint and add to the salad along with some salt, a few drops of lemon juice and olive oil. Mix well and taste to check the seasoning and the lemon/oil balance. Spoon a generous amount into the filo cups.

TORTILLAS A SALSA
TORTILLAS AND SALSA

Dwi'n cofio dysgu sut i wneud tortillas gyda Mam pan oeddwn i'n ifanc. Roeddwn i wedi synnu pa mor hawdd oedden nhw i'w gwneud. Dyma rysáit ar gyfer fy tortillas corn sy'n defnyddio blawd o'r enw Masa Harina. I'w gweini gyda salsa mango fel cyfuniad gwahanol i'r creision a dips arferol.

I remember Mam and I learning how to make our own flour tortillas when I was younger and I couldn't get over how simple they were to make. Here is a recipe for corn tortillas using a special corn flour called Masa Harina. Serve the tortillas with my mango salsa as an alternative crisp and dip combination.

Digon i 4   *Serves 4*

CYNHWYSION Y TORTILLAS — TORTILLA INGREDIENTS

Masa harina neu flawd corn	**225g**	Masa harina or corn flour
Llwy de o halen	**1**	Teaspoon of salt
Dŵr twym	**300ml**	Warm water

CYNHWYSION Y SALSA — SALSA INGREDIENTS

Winwnsyn coch	**1**	Red onion
Afocado	**1**	Avocado
Mango	**1**	Mango
Tomatos bach	**8–10**	Small tomatoes
Chilli (neu fwy os ydych chi'n hoffi bwyd twym!)	**1**	Chilli (just add more if you like it hot!)
Modfedd o sinsir ffres	**2**	Inches fresh ginger
Leim	**1**	Lime
Llwy fwrdd o olew olewydd	**2–3**	Tablespoons of olive oil
Llwy de o saws soy	**1–2**	Teaspoons of soy sauce
Bwnsied bach o goriander		Small bunch of coriander
Halen a phupur er mwyn rhoi blas		Salt and pepper to taste

1. Cymysgwch flawd masa harina neu flawd corn, halen a dŵr twym gyda'i gilydd gan ddefnyddio llwy bren.
2. Defnyddiwch eich dwylo i ddod â'r gymysgedd at ei gilydd. Dyw'r toes ddim yn sticlyd, felly mae'n braf i'w drin.
3. Gorchuddiwch gyda cling film wrth ddefnyddio darnau bach llai. Fe wnaiff y toes sychu os nad ydych yn gwneud hyn.
4. Rholiwch rhwng dau ddarn o bapur gwrthsaim. Mae angen iddo fod yn eithaf tenau, ond defnyddiwch dorrwr unrhyw faint. Dwi'n creu tortillas bach fan hyn.
5. Unwaith rydych chi wedi eu torri nhw, rhowch nhw dan liain llaith, neu fe fyddan nhw'n sychu gormod.
6. Coginiwch ar y maen neu mewn padell ffrio. Does dim angen olew na menyn a dim ond munud sydd ei hangen ar bob ochr.
7. Ar gyfer y salsa, torrwch winwnsyn coch, afocado, mango, tomatos bach, chilli ac ychydig o goriander a'u rhoi i gyd mewn powlen.
8. Mewn powlen arall, gratiwch sinsir ffres a'i gymysgu gyda sudd leim a saws soy ac ychwanegwch yr olew olewydd.
9. Rhowch ychydig o halen a phupur i ychwanegu blas a mwy o leim os dymunwch. Yna rhowch dros y llysiau a'i gymysgu'n dda.

1. Mix the masa harina or corn flour, salt and water together using a wooden spoon.
2. Use your hand to bring the dough together. It doesn't get sticky, and is rather nice to work with.
3. Cover most of it with cling film while you use a smaller piece for now. The dough will dry out if you don't cover it.
4. Roll the piece out between two pieces of greaseproof paper. It needs to be rolled out thin, but use a cutter of any size for your final tortillas. I'm making smaller tortillas here.
5. Once you've cut them out, keep them under a damp tea towel or they'll dry out too much.
6. Dry fry the tortillas on a griddle or in a frying pan. They'll only need to cook for a minute on each side.
7. For the salsa, chop up the red onion, avocado, mango, tomatoes, chilli and some coriander and pop into a bowl.
8. For the dressing, grate fresh ginger into a separate bowl, squeeze in the juice of 1 lime, add soy sauce then a good slug of olive oil.
9. Taste before adding any salt and pepper and adjust with more lime if you want. Once ready, pour the sauce over the chopped veg and mix well.

DIPS

Dwi'n caru dip neu ddau wedi eu gweini gyda bara gwastad (mae'r rysáit ar dudalen 20), ond dydw i byth yn gwybod pryd i stopio! Dyma fy ffefrynnau, sy'n cynnwys dip roedd Dad yn arfer ei wneud bob nos Sadwrn, sef Guacamole. Mae'r rysáit Hwmws yn un eithaf traddodiadol ac mae'r dip pupur coch wedi ei rostio yn llawn blas melys anhygoel. Perffaith i'w gwneud yn sydyn a'u mwynhau gyda ffrindiau neu wrth gefnogi Cymru ym Mhencampwriaeth y Chwe Gwlad!

I do love a good dip or two served with some warm flatbreads (page 20); the trouble is I never know when to stop! Here are three of my favourites, including the dip that Dad used to make every Saturday night when we were younger, Guacamole. My Hummus is relatively traditional and then there's my roasted red pepper with its deep sweetness that is simply divine. A great trio to whip up and serve when catching up with your friends or cheering Wales on in the 6 Nations!

Digon i 4–6   *Serves 4–6*

CYNHWYSION YR HWMWS / HUMMUS INGREDIENTS

Tun o ffacbys, wedi'u draenio	1	Tin of chickpeas, drained
Llwy fwrdd o sudd lemwn	2	Tablespoons of lemon juice
Ewin garlleg	2	Garlic cloves
Llwy de o ras al hanout	1	Teaspoons of ras al hanout
Halen er mwyn rhoi blas		Salt to taste
Tahini	100ml	Tahini (sesame seed paste)
Llwy fwrdd o ddŵr	2–4	Tablespoons of water
Llwy fwrdd o olew	2–3	Tablespoons of olive oil

CYNHWYSION Y DIP PUPUR COCH / RED PEPPER DIP INGREDIENTS

Pupur coch	1½	Red peppers
Tomato	2	Tomatoes
Winwnsyn	½	Onion
Ewin garlleg	2	Garlic cloves
Llwy fwrdd o bast harrisa	1	Tablespoons of harrisa paste
Olew olewydd		Olive oil
Halen a siwgwr		Salt and sugar

CYNHWYSION Y GUACAMOLE / GUACAMOLE INGREDIENTS

Welsh	Qty	English
Afocados aeddfed	2	Ripe avocados
Sudd leim	1	Juice of lime
Ewin garlleg mawr	1	Large clove of garlic
Halen		Salt
Pupur cayenne		Cayenne pepper

1. **Hwmws** – Draeniwch y ffacbys a'u rinsio cyn eu rhoi yn y prosesydd bwyd. Ychwanegwch sudd lemwn, garlleg, ras al hanout, halen, tahini a dŵr i'r prosesydd a chymysgwch tan ei fod yn llyfn. I'w weini mewn powlen bert gyda diferyn o olew a phinsied o ras al hanout.

2. **Dip Pupur Coch** – Twymwch y ffwrn i 200°C / Ffan 180°C / Nwy 6. Torrwch y pupur coch, y tomatos, y winwnsyn a'r garlleg a chymysgwch gyda phast harrisa, olew, halen a siwgwr a'i osod ar hambwrdd pobi. Rhostiwch yn y ffwrn am 30–45 munud. Blendiwch yn y prosesydd tan ei fod yn llyfn gan ychwanegu ychydig o olew os oes angen.

1. **Hummus** – Drain the chickpeas from the tin and rinse before placing in a food processor. Combine the chickpeas, lemon juice, garlic, ras al hanout, salt, tahini and water in a food processor, and blend until smooth and creamy. Serve the hummus in a pretty bowl with a drizzle of olive oil and a pinch of ras al hanout.

2. **Red Pepper Dip** – Preheat the oven to 200°C / Fan 180°C / Gas mark 6. Chop the red peppers, tomatoes, onion and garlic and mix with harrisa paste, olive oil, salt and sugar and place on a baking tray. Roast in the oven for 30–45 minutes. Blend in a food processor until smooth, using a little olive oil to slacken the mixture if needed.

3. **Guacamole** – Cymysgwch afocado, sudd leim a garlleg a'u rhoi mewn prosesydd bwyd tan eu bod wedi cymysgu'n iawn. Os oes angen, ychwanegwch fwy o halen neu sudd leim. I'w weini mewn powlen bert gyda mymryn o bupur cayenne.

3. **Guacamole** – Scrape the flesh from the avocados into a food processor along with the lime juice and garlic, and pulse until mixed. Taste the mixture to see if it needs salt and more lime juice. Serve in a pretty bowl with a sprinkle of cayenne pepper.

CURRYWURST

Dyw gweini saws cyrri gyda Bratwurst ddim yn swnio fel syniad da – ond credwch chi fi, mae'n gyfuniad anhygoel. Gallwch fwynhau'r bratwurst mewn rôl gyda'r saws ar ei ben, neu dorri'r bratwurst a rhoi'r saws ar un ochr. Maen nhw ar eu gorau gyda chwrw oer cryf.

Serving a curry sauce with a Bratwurst sounds like it shouldn't work – but it does and it's delicious. You can serve the brat in a bun with the sauce drizzled on, or chop the brat and serve with the sauce and a cocktail stick for you to eat the little slices with. Best served with a strong cold beer.

Digon i 8   *Serves 8*

CYNHWYSION   INGREDIENTS

Sos coch	**450g**	Tomato ketchup
Winwnsyn mawr gwyn	½	Large white onion
Llwy fwrdd o paprika melys	½	Tablespoon of sweet paprika
Llwy fwrdd o bowdwr cyrri	**2**	Tablespoons of curry powder
Dŵr	**250ml**	Water
Llwy fwrdd o olew	**1**	Tablespoon of oil
Bratwurst	**8**	Bratwurst

1. Torrwch winwnsyn mawr gwyn yn fân.
2. Twymwch olew mewn sosban dros wres canolig a ffrïwch y winwnsyn am 5–8 munud tan ei fod yn feddal.
3. Ychwanegwch paprika a phowdwr cyrri a'u coginio am 1–2 funud.
4. Ychwanegwch y dŵr a'r sos coch a dewch â'r gymysgedd i'r berw; coginiwch tan fod y gymysgedd wedi tewhau.
5. Blaswch cyn ei flitsio yn llyfn.
6. Coginiwch y bratwurst yn ôl cyfarwyddiadau'r paced.
7. Sleisiwch y bratwurst gan weini'r currywurst yn dwym gyda chôt ysgafn o bowdwr cyrri i orffen.

1. Finely chop a white onion.
2. Heat oil in a saucepan over a medium heat and sauté the onion for 5–8 minutes or until soft.
3. Add the paprika and curry powder and cook for 1–2 minutes.
4. Add ketchup and water, bring to a boil and cook until thickened.
5. Taste to check seasoning then blitz until smooth.
6. Cook bratwurst according to packet instructions.
7. Slice the bratwurst and serve the currywurst hot, finishing off with a dusting of curry powder.

CHURROS GYDA SAWS SIOCLED
CHURROS WITH SPICED CHOCOLATE SAUCE

Donyt Sbaenaidd yw'r Churro, ond mae'n llawer haws i'w wneud na'r donyt melys arferol. Mae'r saws siocled sbeislyd yn gwneud y churros yma yn anhygoel. Fe allwn ei yfed ar ei ben ei hun yn ddigon hawdd.

Churros is a Spanish doughnut by any other name, but much easier to make than the sweet dough used to make regular doughnuts. What makes the churros exceptional is the spiced chocolate dipping sauce that you serve with these deep-fried doughnut delights. I could easily drink the chocolate sauce on its own.

Digon i 4–6   *Serves 4–6*

CYNHWYSION   INGREDIENTS

Menyn hallt wedi meddalu	**50g**	Salted butter, melted
Llwy de o sinamon mâl	**1**	Teaspoon of ground cinnamon
Dŵr wedi ei ferwi	**350ml**	Boiling water
Blawd plaen	**125g**	Plain flour
Blawd codi	**125g**	Self-raising flour
Litr o olew blodau'r haul	**1**	Litre sunflower oil

SAWS SIOCLED   CHOCOLATE SAUCE

Siocled tywyll	**250g**	Dark chocolate
Llaeth cyflawn	**120ml**	Whole milk
Hufen dwbl	**120ml**	Double cream
Llwy fwrdd o fêl	**2**	Tablespoons of honey
Llwy de o sinamon	**1**	Teaspoon of cinnamon
Llwy de o bowdwr chilli	**½**	Teaspoon of chilli powder
Llwy de o sinsir mâl	**½**	Teaspoon of ground ginger

SIWGWR SINAMON   CINNAMON SUGAR

Siwgwr mân	**150g**	Caster sugar
Llwy de o sinamon	**3**	Teaspoons of cinnamon

1. Mesurwch y dŵr sydd wedi ei ferwi mewn jwg ac ychwanegwch y menyn; dylai gwres y dŵr feddalu'r menyn.
2. Mewn powlen fawr, hidlwch y blawd plaen, y blawd pobi a'r sinamon ac arllwyswch y dŵr a'r menyn i fewn cyn troi'r gymysgedd gyda llwy bren er mwyn cael toes llyfn a thrwchus. Gadewch i oeri am 10 munud.
3. I wneud y saws, rhowch y siocled, yr hufen, y llaeth, y mêl a'r sbeisys mewn sosban a'i doddi ar wres isel. Trowch bob hyn a hyn a'i gadw'n dwym ar wres isel.
4. Er mwyn coginio'r churros, llenwch sosban fawr ddofn gydag olew a'i gynhesu tan fod tamaid o fara yn brownio o fewn tua 50 eiliad.
5. Rhowch y toes mewn bag gyda phig siâp seren. Peipiwch y gymysgedd yn syth i'r sosban gan ddefnyddio siswrn i reoli maint y darnau toes. Ffrïwch tan eu bod nhw'n lliw euraidd, yna draeniwch ar bapur cegin cyn taenu'r siwgwr sinamon drostynt.
6. Gallwch roi'r saws siocled mewn cwpan espresso neu wydr bach gyda'r churros ar yr ochr.

1. Measure out the boiled water into a jug and add the butter.
2. In a large bowl, sieve the plain flour, self-raising flour and cinnamon and pour in the water and butter, beating the mixture with a wooden spoon until you have a smooth and thick dough. Leave to cool for 10 minutes.
3. To make the sauce, place the chocolate, cream, milk, honey and spices into a pan and melt over a low heat until smooth and shiny. Stir occasionally and keep warm over a low heat.
4. To cook the churros, fill a large deep saucepan with sunflower oil and heat until a piece of bread browns in around 50 seconds.
5. Scrape the dough into a piping bag which has been fitted with a star shape nozzle. Pipe the mixture directly into the pan, using scissors to spin off the dough to the desired length. Fry until golden brown, then drain on some kitchen roll before dusting in the cinnamon sugar.
6. Serve the sauce in an espresso cup or a shot glass with a few churros on the side.

BWYDO'R DORF

Awydd pryd go sylweddol neu angen ysbrydoliaeth i fwydo'r teulu cyfan? Yna rhowch gynnig ar un o'r prydau blasus yma... Mae'r Caserol Cig Carw a Jin yn berffaith i'ch twymo ar noson oer, neu beth am flas o Sbaen gyda'r Paella? Mae'r Cyrri Cig Oen yn berffaith i fwydo llu o bobl fel wnes i ar gyfer 120 o chwaraewyr Clwb Rygbi Crymych! Fe ddewch o hyd i blatiau bach syml a phwdinau fel bod neb yn mynd adref ar eu cythlwng.

FEEDING THE CROWD

Fancy something a little more substantial or in need of inspiration for feeding the family? Then why not try one of these tasty dishes. My grown-up Venison and Gin Casserole is the perfect supper to warm you up on a cold winter's night, or how about bringing a little Spanish sunshine from my Paella? My Lamb Curry is the perfect recipe to feed a big crowd as I once made enough to feed 120 rugby players at Crymych RFC! You'll also find some simple sides and of course a couple of desserts to make sure no one goes home hungry.

CYW IÂR CHWIL WEDI EI FYGU
SMOKED BEER BUTT CHICKEN

Fy mrawd yw lej y barbeciw, sy'n golygu bod dim selsig na byrgyrs wedi eu llosgi yn ein barbeciws ni! Rhyngom ni, mae gennym lwythi o ryseitiau gan ein teulu o America, yn cynnwys y clasur yma. Dwi wedi addasu'r rysáit fel eich bod chi'n gallu ei goginio mewn ffwrn, barbeciw neu mewn mygwr. I'w weini gydag unrhyw un o'r prydau bach Americanaidd.

My brother is a bit of a BBQ legend, which means no burnt sausages and burgers are present at our BBQs! Between us, we have a whole host of recipes from our American family, including this classic. I've adapted the recipe so that you can make it in an oven, BBQ or smoker. Serve with any or all of my American sides.

Digon i 4–6   *Serves 4–6*

CYNHWYSION		INGREDIENTS
Cyw iâr cyfan	1	Whole chicken
Can o gwrw	1	Can of beer – a 'stubbie' can, not a big one
Llwy de yr un o bowdwr garlleg, powdwr winwns a paprika wedi ei fygu	1	Teaspoon each of garlic powder, onion powder and smoked paprika

CYNHWYSION Y RHWBIAD		RUB INGREDIENTS
Llwy fwrdd orlawn o bowdwr garlleg	1	Heaped tablespoon of garlic powder
Llwy fwrdd orlawn o bowdwr winwns	1	Heaped tablespoon of onion powder
Llwy fwrdd orlawn o paprika wedi ei fygu	1	Heaped tablespoon of smoked paprika
Llwy fwrdd orlawn o siwgwr brown	1	Heaped tablespoon of brown sugar
Llwy fwrdd orlawn o oregano	1	Heaped tablespoon of oregano
Llwy fwrdd orlawn o bowdwr mwstard	1	Heaped tablespoon of mustard powder
Llwy fwrdd o bupur cayenne	1	Tablespoon of cayenne pepper
Llwy fwrdd o halen môr	3	Tablespoons of sea salt
Llwy de o bupur	2	Teaspoons of pepper
Lemwn neu oren	½	Lemon or orange

CYNHWYSION Y POTES		BROTH INGREDIENTS
Potel o seidr melys	6	Bottles of sweet cider
Darn o sinamon	1	Cinnamon stick
Llwy de o nytmeg wedi'i gratio	½	Grated nutmeg
Llwy fwrdd o siwgwr brown	2	Tablespoons of brown sugar
Afal wedi ei dorri	1	Diced apple
Lemwn wedi ei dorri yn ei hanner	1	Lemon cut in half

1. Twymwch eich mygwr tu fas i 175ºC neu'r ffwrn i 200ºC / Ffan 180ºC / Nwy 6. Ar gyfer barbeciw arferol, taniwch y glo tan eu bod nhw'n wyn a'u symud i'r ochrau fel bod y gwres yn coginio'r cyw iâr yn gyfartal.

2. Yna'r darn gorau... Yfwch hanner y can cwrw, byddai'n bechod ei wastraffu! Nesaf llenwch y can cwrw gyda'r powdwr winwns, y garlleg a'r paprika.

3. Ar ôl cymysgu cynhwysion y rhwbiad (ar wahân i'r oren neu'r lemwn), rhwbiwch dros y cyw iâr. Gosodwch y cyw iâr dros y can cwrw a'i roi ar hambwrdd rhostio. Fe allwch brynu stand yn arbennig ar gyfer y rysáit os dymunwch. Gosodwch hanner oren neu lemwn yn nhop y cyw iâr i gadw'r stêm a'r gwres tu mewn i'r aderyn wrth iddo goginio.

1. Preheat your smoker outside to 175ºC, or preheat the oven to 200ºC / Fan 180ºC / Gas mark 6. For a regular BBQ, light your coals and once they're white, bank them to the sides of the BBQ so that the heat cooks the chicken evenly.

2. Now the fun bit... Open the beer and drink around half of its contents (optional!), or pour half away. Fill your beer with the garlic and onion powder and paprika.

3. Mix the rub ingredients together (apart from the orange or lemon) and rub all over the chicken. Place the chicken over the beer can and into a roasting tray or you can buy a beer can stand specifically for this recipe. Place half a small orange or lemon at the top of the chicken to keep the steam and heat inside the bird whilst it cooks.

4. Os ydych chi'n coginio mewn mygwr, rhowch holl gynhwysion y potes mewn powlen sy'n gallu gwrthsefyll tymheredd uchel a'i rhoi ar waelod y mygwr. Coginiwch am 1 awr a 30 munud, neu tan fod yr hylif yn rhedeg yn glir. Ar gyfer y barbeciw a'r ffwrn, bydd y cyw iâr angen 1 awr ac 20 munud – 1 awr a 30 munud.

5. Y fantais o fygu'r cyw iâr yn araf fel hyn yw na wnaiff y cwrw ferwi drosodd a bydd y cig yn cael ei stemio a'i farinadu, ac felly bydd hefyd yn llai tebygol o sychu.

6. Unwaith mae wedi coginio, tynnwch y cyw iâr mas a chael gwared ar y cwrw. Dylai'r cig rwygo heb lawer o drafferth ac fe ddylech gael cyw iâr llawn blas sy'n toddi yn eich ceg.

4. If cooking in a capsule smoker, mix the broth ingredients and place into a heatproof dish at the bottom of the smoker. Cook for 1 hour 30 minutes or until the juices run clear. For the BBQ and the oven, the chicken will take around 1 hour 20 minutes – 1 hour 30 minutes.

5. The advantage of slowly smoking/cooking the chicken using this method is that the beer won't boil over in the can and it will lightly steam, marinate and moisten the chicken.

6. Once cooked, carefully remove the chicken and discard the beer. The meat should pull apart without any effort and you should have deliciously moist and full-flavoured chicken.

FFA POB A PHORC A CHASEROL FFA GWYRDD
PORK AND BEANS AND GREEN BEAN CASSEROLE

Dyma ddau bryd perffaith i fynd gydag unrhyw un o fy ryseitiau Barbeciw Americanaidd. Mae fy mrawd wedi perffeithio'r rysáit Ffa Pob a Phorc, sy'n gyfuniad hyfryd o flas melys, myglyd a finegr – gydag awgrym o gwrw! Mae'r Caserol Ffa Gwyrdd gan Anti Irene yn rysáit syml i'w wneud sy'n hynod o flasus.

Here are two perfect side dishes to accompany any of the American BBQ dishes. My brother has perfected the Pork and Beans recipe and it has a good balance of sweet, smoky and vinegar – with a hint of beer! The Green Bean Casserole is a classic dish from my Aunt Irene – it couldn't be any simpler to make and is delicious.

Digon i 10   *Serves 10*

CYNHWYSION FFA POB A PHORC / PORK AND BEANS INGREDIENTS

Tun o ffa haricot	**2**	Tins of haricot beans, drained
Winwnsyn wedi'i dorri'n fân	**1**	Large white onion, chopped
Ewin garlleg	**3**	Cloves of garlic
Sos coch	**275g**	Tomato ketchup
Triogl neu surop masarn	**60g**	Molasses or maple syrup
Llwy fwrdd o saws Worcestershire	**3**	Tablespoons of Worcestershire sauce
Halen a phupur		Salt and pepper to taste
Potel o gwrw (330ml yr un)	**3**	Bottles of beer (330ml each)
Sleisen o facwn wedi ei fygu	**12**	Rashers smoky bacon

CYNHWYSION Y CASEROL / CASSEROLE INGREDIENTS

Ffa gwyrdd	**500g**	Green beans
Tun o gawl madarch	**2**	Tins of mushroom soup
Ysgeintiad o winwns salad wedi ffrio		A good sprinkle of crispy fried salad onions

1. **Ffa Pob a Phorc** – Gosodwch y ffa mewn sosban fawr a'u gorchuddio gyda dŵr ac ychwanegu 2 botel o gwrw. Dewch â'r ffa i'r berw cyn dod â phopeth i fudferwi am 45 munud, neu tan ei fod yn frau. Draeniwch y ffa gan gadw'r hylif.

2. Yn y cyfamser, torrwch y bacwn, y winwnsyn a'r garlleg a'u ffrio am gwpwl o funudau. Ychwanegwch y sos coch, y triogl neu surop, a'r saws Worcestershire a'i sesno i ychwanegu blas. Rhowch y ffa i mewn a throwch y cwbl cyn ei roi mewn dysgl a'i bobi yn y ffwrn ar 150°C / Ffan 130°C / Nwy 2 am awr a hanner, a throwch y gymysgedd bob hyn a hyn.

3. Wedyn, ychwanegwch 165ml o hylif y ffa ynghyd â'r drydedd botel o gwrw, trowch bopeth a'i bobi wedi ei orchuddio am 30 munud.

4. Tynnwch y gorchudd a'i bobi am 10–15 munud arall, neu tan fod y saws yn drwchus.

5. **Caserol Ffa Gwyrdd** – Sleisiwch y ffa yn lletraws a'u coginio'n rhannol mewn dŵr hallt am tua 3 munud fel eu bod nhw'n dal i gadw eu crensh.

6. Wedi i chi ddraenio'r dŵr, rhowch y ffa mewn dysgl caserol, ychwanegwch y cawl a chymysgwch yn dda.

7. Taenwch y winwns wedi ffrio dros haen uchaf y caserol a phobwch yn y ffwrn am tua 20–25 munud ar 180°C / Ffan 160°C / Nwy 4.

1. **Pork and Beans** – Place the beans in a large saucepan, cover with water and add in 2 bottles of beer. Bring the beans to a boil and reduce to a simmer for 45 minutes, or until tender. Drain the beans, but keep the cooking liquid.

2. Meanwhile, chop the bacon, onion and garlic and fry for a few minutes in a pan. Add in the ketchup, molasses or syrup, Worcestershire sauce and season to taste. Add the beans, stir to combine then transfer to an oven dish and bake in a preheated oven set to 150°C / Fan 130°C / Gas mark 2 for an hour and a half, stirring occasionally.

3. After this time, add 165ml of the reserved cooking liquid along with the third bottle of beer, stir to combine and continue to bake covered for 30 minutes.

4. Remove the cover and bake uncovered for a final 10–15 minutes, or until the sauce is thick.

5. **Green Bean Casserole** – Slice the beans diagonally and part cook them in salted water for about 3 minutes, so that they retain their crunch.

6. Drain the water away and pour beans into a casserole dish, add the soup and mix well.

7. Sprinkle the crispy onions on top and bake in the oven for around 20–25 minutes at 180°C / Fan 160°C / Gas mark 4.

PORC BRAU
PULLED PORK

Mae Porc Brau wedi dod yn trendi iawn dros y blynyddoedd diwethaf. Dyw'r rysáit yma ddim byd tebyg i'r hyn gewch chi mewn tai bwyta – mae'n llawer gwell. Dyma fy fersiwn i o rysáit fy mrawd i'w weini gyda'r Saws Barbeciw ar dudalen 166, fy Macaroni a Chaws ar dudalen 168 ac wrth gwrs fy Ngholslo Gwyrdd, tudalen 114.

Over the last few years Pulled Pork has become very trendy and can be found everywhere. This recipe is nothing like you'll taste in a restaurant – it's way better. It's my take on my brother's recipe and should be served with the BBQ Sauce on page 166, my Macaroni Cheese on page 168 and of course my Green Goddess Slaw, page 114.

Digon i 4   Serves 4

CYNHWYSION   INGREDIENTS

Halen	**50g**	Salt
Llwy de o paprika wedi'i fygu	**2**	Teaspoons of smoked paprika
Ewin garlleg	**5**	Garlic cloves
Winwnsyn	**1**	Medium onion
Llwy fwrdd o bupur du	**1½**	Tablespoons of black pepper
Llwy fwrdd o siwgwr brown	**3**	Tablespoons of brown sugar
Llwy fwrdd o hadau ffenigl	**1½**	Tablespoons of fennel seeds
Anis	**2**	Star anise
Llwy fwrdd o olew blodau'r haul	**3**	Tablespoons of sunflower oil
Ysgwydd porc	**1.5kg**	Shoulder of pork
Litr sudd pinafal	**1**	Litre pineapple juice

1. Tostiwch yr hadau ffenigl a'r anis mewn padell ffrio sych tan fod yr arogl wedi ei ryddhau, yna eu malu gyda phestl a mortar. Ychwanegwch halen, paprika, pupur du a siwgwr brown. Mewn prosesydd bwyd, malwch y garlleg a'r winwns tan i chi ffurfio past cyn ychwanegu'r sbeisys a'r olew. Cymysgwch cyn ei rwbio i mewn i'r cig. Gadewch i farinadu am o leiaf 4–6 awr yn yr oergell, neu dros nos os yn bosib.

2. Gosodwch y cig mewn hambwrdd pobi ar wely o afalau a winwns wedi'u sleisio. Ychwanegwch ¼ y sudd pinafal (250ml) a'i orchuddio gyda ffoil. Pobwch mewn ffwrn ar dymheredd o 160°C / Ffan 140°C / Nwy 3 am 2 awr a ½. Bastiwch y cig yn aml.

3. Edrychwch i weld a yw'r cig yn rhwygo'n frau wedi'r amser yma. Os na, rhowch yn ôl yn y ffwrn am 30 munud arall cyn edrych unwaith eto. Ychwanegwch fwy o'r sudd pinafal os yw'r hylif wedi anweddu'n rhy sydyn. Dylai'r cig fod yn feddal ac yn disgyn yn ddarnau'n hawdd. Ni ddylai fod yn sych o gwbl. I'w weini gyda'r Saws Barbeciw.

1. Toast the fennel seeds and star anise in a dry frying pan until fragrant and grind until fine. Add in the salt, paprika, black pepper and sugar and combine. In a food processor blitz the garlic and onion until it's a paste and add to the spices along with the oil, mix to combine and then massage into your meat. Leave to marinate for at least 4–6 hours, preferably overnight.

2. Place the meat in a baking tray on a trivet made from sliced apples and onions. Add in ¼ of the pineapple juice (250ml) and cover with foil. Bake in a preheated oven at 160°C / Fan 140°C / Gas mark 3 for 2½ hours. Baste the meat often.

3. After this time, check the meat to see if it pulls apart easily; if not return to the oven for a further 30 minutes and check again. Add more pineapple juice if the liquid evaporates too quickly. The meat should be soft and tender and not dry at all. Serve with BBQ Sauce.

SAWS BBQ
BBQ SAUCE

Dyma'r Saws Barbeciw perffaith i fynd gyda'r Porc Brau. Mae'r saws yma hefyd yn wych ar gyfer marinadu cluniau cyw iâr neu falle i'w weini gyda thalpiau o datws fel saws dipio.

Here's the perfect BBQ Sauce to accompany my Pulled Pork. This sauce will also make a great marinade for some chicken thighs or maybe simply served with some potato wedges as a dipping sauce.

Digon i 4   *Serves 4*

AR GYFER Y SAWS   FOR THE SAUCE

Llwy fwrdd o sos coch	4	Tablespoons of ketchup
Llwy fwrdd o siwgwr muscovado	2	Tablespoons of muscovado sugar
Llwy fwrdd o fwstard Dijon	2	Tablespoons of Dijon mustard
Llwy fwrdd o finegr seidr	3	Tablespoons of cider vinegar
Ewin garlleg wedi ei gratio	4	Cloves of garlic, grated
Llwy de o all spice	1	Teaspoon of all spice
Llwy de o sinamon	1	Teaspoon of cinnamon
Llwy de o paprika wedi mygu	2	Teaspoons of smoked paprika
Llwy de o bupur cayenne	1	Teaspoon of cayenne pepper
Llwy fwrdd o gwrw	6	Tablespoons of beer
Diferyn o saws Worcestershire	10	Dashes of Worcestershire sauce

1. Rhowch yr holl gynhwysion mewn sosban, dewch â'r gymysgedd i'r berw ac yna ei mudferwi am 10–15 munud.
2. Blaswch y saws ac ychwanegwch fwy o halen neu siwgwr os oes angen.

1. Place all the ingredients into a saucepan, bring to a boil then reduce to a simmer for 10–15 minutes.
2. Taste to check seasoning.

MACARONI A CHAWS
MACARONI CHEESE

Mae Macaroni a Chaws yn un o'r platiau 'na allai weithio fel prif gwrs neu fel pryd bach, ac mae'n mynd yn wych gyda'r Porc Brau sydd ar dudalen 164 a'r Saws Barbeciw sydd ar dudalen 166. Dwi'n ychwanegu ychydig o jalapenos twym i'r pryd, ac mae'r caws hufennog yn helpu i oeri'ch ceg ac yn gweddu'n berffaith gyda blas myglyd, melys y porc.

Macaroni Cheese is one of those dishes that can be a main meal or a side dish, and I think it matches the Pulled Pork on page 164 and BBQ Sauce on page 166 like a dream. I've added in some jalapenos to add some bite to the dish, but the creamy cheesy sauce helps to cool your mouth down and balances the smoky sweetness from the pork beautifully.

Digon i 6–8   *Serves 6–8*

CYNHWYSION   INGREDIENTS

Llwy fwrdd o fenyn	3	Tablespoons of butter
Llwy fwrdd o flawd plaen	3	Tablespoons of plain flour
Llaeth cyflawn	500ml	Whole milk
Ewin garlleg	1	Garlic clove
Winwnsyn gwyn	½	White onion
Llwy de o bowdwr mwstard	1	Teaspoon of mustard powder
Jalapenos o'r jar	50g	Jalapenos (jarred)
Tun bach o india-corn	1	Small tin of sweetcorn
Caws Cheddar aeddfed	150g	Mature Cheddar
Caws Gruyère	75g	Gruyère cheese
Caws Parmesan	50g	Parmesan
Caws hufen	50g	Full fat cream cheese
Pasta macaroni sych	400g	Dried macaroni pasta
Halen		Salt to taste
Winwns salad sych		Crispy salad onions

1. Rhowch y llaeth mewn sosban. Gratiwch y garlleg a sleisiwch y winwns yn fân, ac ychwanegwch y ddau i'r llaeth.
2. Dewch â'r llaeth i dymheredd o dan bwynt berwi cyn diffodd y gwres. Coginiwch y pasta macaroni mewn dŵr gyda halen ynddo tan ei fod yn barod. Draeniwch a'i roi i'r naill ochr tra eich bod chi'n gwneud y saws.
3. Mewn sosban arall, toddwch fenyn dros wres canolig. Yna, ychwanegwch y blawd plaen a'r powdwr mwstard a'i gymysgu yn dda.
4. Ychwanegwch y llaeth twym, ychydig ar y tro, tan ei fod e'n ffurfio saws gwyn trwchus.
5. Ychwanegwch y caws hufen, y caws Gruyère a'r caws Cheddar a'u cymysgu tan eu bod wedi toddi.
6. Ychwanegwch yr india-corn, y jalapenos a'r pasta macaroni i'r gymysgedd.
7. Blaswch rhag ofn bod angen rhagor o halen, a rhowch bopeth mewn dysgl fawr i'w roi yn y ffwrn.
8. Rhowch y caws Parmesan ac ychydig o winwns sych ar ei ben a'i bobi mewn ffwrn ar 200°C / Ffan 180°C / Nwy 6 am 20 munud, neu tan ei fod yn euraidd.

1. Place the milk in a saucepan. Grate the garlic and finely chop the onion and add it to the milk.
2. Bring the milk to just below boiling then switch off the heat. Cook the pasta in salted water until it's nearly ready, drain and keep to one side while you make the sauce.
3. In another saucepan over a medium heat, melt butter then add in the flour and mustard powder and stir with a whisk.
4. Add in the warmed milk a little at a time until the milk is incorporated and you have a thick white sauce.
5. Add in the cream cheese, Gruyère and Cheddar and stir until melted – taste to check the seasoning.
6. Add in the sweetcorn, jalapenos and pasta and mix to combine.
7. Taste to check the seasoning again then place into a large oven dish.
8. Sprinkle on the grated Parmesan and some crunchy salad onions and bake in a preheated oven set to 200°C / Fan 180°C / Gas mark 6 and bake for 20 minutes or until golden brown.

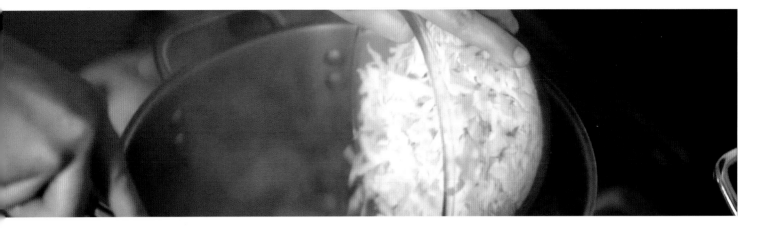

CYRRI CIG OEN A FFACBYS
LAMB AND CHICKPEA CURRY

Cyrri sy'n hawdd i'w wneud ar gyfer swper canol wythnos neu drît bach i'r penwythnos. I'w weini gyda reis a sglodion – neu 'half and half' fel ni'n dweud yng Nghaerdydd! Dyw'r cyrri yma ddim yn dwym, felly fe ddylai fod yn addas i bawb.

An easy curry to make for a delicious mid-week supper or a cheeky weekend treat. Serve with some fluffy rice and chips – or 'half and half' as we say in Cardiff! This isn't a spicy curry, so should suit everyone's tastebuds.

Digon i 4–6   *Serves 4–6*

CYNHWYSION Y CYRRI / CURRY INGREDIENTS

Croen a sudd lemwn	1	Zest and juice of lemon
Iogwrt Groegaidd	150g	Greek yogurt
Cig oen, coes neu wddf, wedi'i dorri yn giwbiau bach	400g	Lamb leg steaks or lamb neck fillets, trimmed and cut into small chunks
Llwy fwrdd o olew rapeseed	1	Tablespoon of rapeseed oil
Winwnsyn wedi ei blicio a'i sleisio	1	Onion, peeled and sliced
Ewin garlleg	2	Garlic cloves, peeled and crushed
Pwmpen cnau menyn wedi ei phlicio a'i thorri yn giwbiau bach	½	Butternut squash, peeled and cut into small cubes
Llwy fwrdd o bast balti (rysáit ar wahân)	3	Tablespoons of balti paste (see separate recipe)
Tun o ffacbys	400g	Tin of chickpeas, rinsed and drained
Stoc llysiau	250ml	Vegetable stock
Tun o domatos	½	Tin chopped tomatoes
Halen er mwyn rhoi blas		Salt to taste

PAST BALTI / BALTI PASTE

Llwy fwrdd o hadau coriander	5	Tablespoons of coriander seeds
Llwy fwrdd o hadau cwmin	3	Tablespoons of cumin seeds
Darn o sinamon	2	Cinnamon sticks
Chilli wedi sychu	1	Dried chilli
Llwy de o hadau mwstard	2	Teaspoons of mustard seeds
Llwy de o hadau ffenigl	2	Teaspoons of fennel seeds
Llwy de o hadau cardamom	3	Teaspoons of cardamom seeds
Llwy de o hadau fenugreek	1	Teaspoon of fenugreek seeds
Deilen bae	6	Bay leaves
Llwy fwrdd o bowdwr cyrri	3	Tablespoons of curry powder
Llwy fwrdd o turmeric	2	Tablespoons of ground turmeric
Llwy fwrdd o bowdwr sinsir	1	Tablespoon of ginger powder
Llwy fwrdd o olew rapeseed	2	Tablespoons of rapeseed oil
Llwy de o finegr gwin gwyn	1	Teaspoon of white wine vinegar

1. I wneud y past Balti, rhowch yr holl gynhwysion heblaw am yr olew a'r finegr mewn padell ffrio dros wres uchel. Trowch y gymysgedd a'i thostio am funud. Rhowch y sbeisys mewn pestl a mortar a'u malu'n fân am tua 3 munud. Rhowch mewn powlen ac ychwanegwch yr olew a'r finegr i ffurfio past. Gallwch ei ddefnyddio yn sych neu ei storio mewn jar wedi'i ddiheintio yn yr oergell. Cymysgwch groen a sudd lemwn gyda'r iogwrt Groegaidd mewn powlen. Ychwanegwch y cig a'i gymysgu yn dda. Gadewch i farinadu am o leiaf 30 munud neu fwy yn yr oergell.

1. To make the Balti paste, place all ingredients, except the oil and vinegar, into a frying pan over high heat, stir and toast for around 1 minute, until fragrant. Transfer the spices to a pestle and mortar or a spice grinder and grind for around 3 minutes. Once ground, transfer to a bowl and add in the oil and vinegar and mix until a paste forms. Ready to use immediately, or store in a sterile jar in the fridge. Mix the lemon zest and juice with the yogurt in a large bowl. Add the meat, mix well and leave to marinate for at least 30 minutes or longer in the fridge.

2. Twymwch yr olew mewn padell ffrio fawr, ychwanegwch y winwns a'r garlleg a'u coginio am ychydig funudau. Ychwanegwch y bwmpen cnau menyn a'i goginio am 10 munud gan ei droi'n achlysurol.

3. Ychwanegwch y past Balti cyn rhoi'r ffacbys, y tomatos a'i stoc llysiau i mewn. Cymysgwch y cig oen i mewn gyda'r marinâd. Coginiwch ar dymheredd isel am 25–30 munud tan fod y cig a'r bwmpen yn dyner. Ychwanegwch fwy o halen os oes angen. I'w weini gyda hanner reis a hanner sglodion.

2. Over a medium heat, add the oil in a large pan along with the onion and garlic and cook until soft. Add the butternut squash cubes and cook for 10 minutes, stirring occasionally until golden.

3. Add the Balti paste, stir-fry for a couple of minutes and then add the chickpeas, tomatoes and stock. Stir in the lamb and its marinade. Cook on a low heat for 25–30 minutes, until meat and squash are tender. Taste to check the seasoning, adding salt if needed. Serve with half chips and half rice.

CASEROL CIG CARW A JIN GYDA LLYSIAU
VENISON AND GIN CASSEROLE WITH VEG

Mae'r pryd yma yn fwyd i'ch cysuro go iawn. Mae'r jin yn gweddu'n dda gyda'r cig carw ynghyd â'r perlysiau a'r sbeisys i greu grefi cyfoethog. Mae'r rysáit yma yn siŵr o roi cwtsh mawr i chi ar ddiwrnod oer, wedi ei weini gyda stwnsh ffa menyn a phannas a gorfetysen wedi'i ffrio.

This whole meal is true comfort food. The gin complements the venison along with the herbs and spices to create a fragrant and rich gravy. Coupled with the creamy butterbean and parsnip mash and sautéed Swiss chard, this recipe will give you a huge cwtch on a cold day.

Digon i 4–6   *Serves 4–6*

CYNHWYSION Y CASEROL — CASSEROLE INGREDIENTS

Olew		Oil
Winwns	**2**	Onions
Cig carw	**500g**	Venison, cut into chunks
Moron	**3**	Carrots
Ewin garlleg	**3**	Cloves of garlic
Ychydig o flawd		A couple of tablespoons of flour
Jin eirin duon bach	**60ml**	Sloe gin
Peint o stoc cig eidion	**1**	Pint of good quality beef stock
Rhosmari		A sprig of rosemary
Ychydig o ddail bae		A couple of bay leaves
Llwy fwrdd o aeron eithin pêr	**1**	Tablespoon of juniper berries
Halen a phupur		Salt and pepper

STWNSH FFA MENYN A PHANNAS — BUTTERBEAN AND PARSNIP MASH

Tun o ffa menyn	**2**	Tins butter beans
Olew olewydd		Olive oil
Ewin garlleg	**2**	Garlic clove
Panasen fawr	**1**	Large parsnip
Halen		Salt
Ychydig o sudd lemwn		A little lemon juice

GORFETYSEN WEDI'I FFRIO — SAUTÉED SWISS CHARD

Bwnsied o orfetys	Large bunch Swiss chard
Olew	Oil
Halen a phupur	Salt and pepper

1. **Caserol Cig Carw** – Ffrïwch y winwns mewn ychydig o olew tan eu bod yn feddal, tua 5 munud. Tra bod y winwns yn ffrio, rhowch ychydig o flawd, halen a phupur mewn bag brechdanau mawr ac ychwanegwch y cig carw. Caewch dop y bag a'i ysgwyd i orchuddio'r cig. Tynnwch y cig mas ac ychwanegwch at y winwns yn y sosban. Tra mae'r cig yn brownio, pliciwch a thorrwch y moron a'r garlleg a'u hychwanegu i'r sosban. Ychwanegwch y jin, y stoc a'r perlysiau. Trowch y cwbl a dod â fe i'r berw, yna troi'r gwres i lawr i fudferwi a'i goginio am 1½–2 awr ar yr hob neu mewn ffwrn ar 140˚C / Ffan 120˚C / Nwy 1. Mae'r caserol yn barod pan mae'r cig yn dyner. Gallwch weini'r caserol gyda'r stwnsh llysiau.

1. **Venison Casserole** – Fry the onions in some oil until soft, around 5 minutes. While the onions fry, place the flour with some salt and pepper in a large sandwich bag and add the venison. Close the top of the bag and shake to coat the meat. Remove the meat and add to the onions in the pan, shaking any excess flour off before adding. Whilst the meat browns, prepare the carrots and garlic then add them to the pan. Add the gin, stock and herbs. Give everything a good stir and bring up to a boil then reduce to a simmer and cook for 1½–2 hours on the hob or in an oven preheated to 140˚C / Fan 120˚C / Gas mark 1. The casserole is ready when the meat is tender. Taste to check the seasoning and serve with butterbean and parsnip mash and sautéed Swiss chard.

2. **Gorfetysen wedi'i Ffrio** – Torrwch y gorfetys gan dynnu unrhyw ddarn caled i ffwrdd. Twymwch yr olew mewn padell ac ychwanegwch y gorfetys gyda halen a phupur. Trowch tan eu bod wedi gwywo a'u gweini yn syth.

3. **Stwnsh Ffa Menyn a Phannas** – Pliciwch a thorrwch y pannas a'u coginio mewn dŵr a halen gyda'r garlleg tan eu bod yn dyner. Draeniwch a'u rhoi yn ôl yn y sosban gyda'r ffa menyn a 6 llwy fwrdd o olew. Coginiwch ar wres isel a stwnsiwch bopeth yn fras. Blaswch gan ychwanegu sudd lemwn a halen os oes angen. I'w weini'n syth.

2. **Sautéed Swiss Chard** – Chop the chard, removing any hard pieces of stem. Heat the oil in a pan then add the chard and some seasoning. Stir continuously until wilted and serve immediately.

3. **Butterbean and Parsnip Mash** – Peel and chop the parsnip and cook in salted water with the garlic until tender, then drain. Put the parsnip back into the saucepan along with the beans and around 6 tablespoons of oil and cook on low, mashing everything together until it's roughly mashed. Taste to check the seasoning and add a little lemon juice and salt if needed. Serve immediately.

PAELLA

Mae'r Paella yma yn berffaith i ychwanegu lliw i unrhyw bryd o fwyd, neu i fwydo grŵp mawr o bobl. Mae blas 'chwaneg i'r rysáit, felly mae'n annhebygol y bydd yna beth yn weddill!

My Paella is the perfect dish to brighten up any meal and perfect for feeding a large group. Be warned, this is very moreish and you're likely not to have any leftovers!

Digon i 4–6   *Serves 4–6*

CYNHWYSION   INGREDIENTS

Olew olewydd		Olive oil
Selsig chorizo wedi'i dorri'n ddarnau mân	**225g**	Chorizo sausage, chopped into small pieces
Cluniau cyw iâr wedi'u torri	**5**	Chicken thighs, roughly chopped
Tomatos wedi'u torri	**250g**	Tomatoes, on the vine, roughly chopped
Ewin garlleg	**6**	Cloves garlic
Sieri	**100ml**	Sherry
Llwy de dda o paprika melys neu wedi'i fygu	**1**	Heaped teaspoon of sweet paprika or smoked
Llwy de o saffrwm	**1**	Teaspoon of saffron
Pupur coch mawr wedi'i sleisio	**1**	Large red pepper, thinly sliced
Ffa gwyrdd	**150g**	Green beans
Reis paella	**300g**	Paella rice
Stoc cyw iâr	**700ml**	Chicken stock
Cregyn gleision wedi eu glanhau	**450g**	Mussels, cleaned
Halen a phupur er mwyn rhoi blas		Salt and pepper to taste

I'W GWEINI   TO SERVE

Darnau o lemwn	Lemon wedges
Llond llaw o bersli wedi'i dorri	Handful of fresh parsley, roughly chopped

1. Rhowch badell paella neu badell ffrio ddigon mawr i 4–6 o bobl dros wres canolig. Ychwanegwch ddigon o olew olewydd cyn ychwanegu'r chorizo a'i ffrio am 2–3 munud. Tynnwch o'r badell.

2. Nesaf, rhowch halen a phupur ar y cluniau cyw iâr cyn eu coginio yn yr olew am 3–5 munud.

3. Tra bod y cyw iâr yn coginio, rhowch y tomatos a'r garlleg mewn prosesydd bwyd.

4. Ychwanegwch y sieri i'r badell a'i adael i ffrwtian am funud cyn ychwanegu'r tomatos a'r garlleg gyda llwyaid hael o paprika.

5. Gadewch i fudferwi am 10–15 munud, neu tan fod y saws wedi tewhau fymryn.

6. Rhowch y chorizo yn ôl i mewn i'r badell gyda'r pupur coch, y ffa gwyrdd, y reis, y stoc cyw iâr a'r saffrwm. Cymysgwch bopeth cyn ei adael i fudferwi dros wres isel i ganolig am tua 20 munud, tan fod y reis bron wedi coginio.

7. Ychwanegwch y cregyn gleision ar ben y reis a'u gorchuddio gyda thamaid gwlyb o bapur gwrthsaim a ffoil fel bod y cregyn gleision yn coginio ac yn stemio. Bydd hyn yn cymryd tua 5–7 munud. Mae'r cregyn gleision wedi coginio unwaith maen nhw wedi agor. Taflwch y rhai sydd heb agor.

8. I'w weini, rhowch ddarnau o lemwn o amgylch yr ymylon a digon o bersli ar ei ben.

1. Place a paella pan serving 4–6 or a large pan on a medium heat with a good slug of olive oil, add the chorizo and stir fry for 2–3 minutes then remove with a slotted spoon.

2. Next, season the chicken and cook in the lovely rusty coloured oil for around 3–5 minutes.

3. Whilst the chicken is cooking, grate the tomatoes and garlic or pop them into a food processor if you want.

4. Add the sherry to the pan and leave to bubble for 1 minute before adding in the tomatoes and garlic and a heaped teaspoon of your chosen paprika.

5. Leave to simmer for 10–15 minutes, or until the sauce has thickened slightly.

6. Add the chorizo back to the pan as well as the red pepper, green beans, rice, chicken stock and saffron. Give everything a good stir then leave to simmer over a low to medium heat for around 20 minutes, or until the rice is nearly cooked.

7. Place the mussels evenly over the rice and cover with a scrunched wet piece of greaseproof paper, followed by a sheet of foil so that the mussels can cook and steam. This will take around 5–7 minutes. The mussels are cooked when they're open; if any of them haven't opened, remove them from the dish and discard.

8. To serve, stuff in some lemon wedges around the edge and scatter over a good amount of parsley.

CASSOULET

Dwi'n ffan enfawr o brydau un bowlen y gallwch eu bwyta gyda fforc. Mae'r Cassoulet yma'n llawn blas yr hwyaden wedi rhostio a'r selsig Toulouse y dangosodd Illtud i fi sut i'w wneud ar ei fferm ger Cydweli. Trwy goginio'r cassoulet yn araf, mae'r blas yn cael cyfle i ddatblygu. Mae'r pryd traddodiadol Ffrengig yma i'w weini gyda ffa gwyrdd a digon o fenyn arnyn nhw.

I'm a big fan of bowl food and by that I mean a whole meal that fits perfectly into one bowl and can be eaten with a fork. This Cassoulet is full of flavour from the roasted duck legs and the all-important Toulouse sausage that I was shown how to make by Illtud on his farm near Kidwelly in West Wales. By cooking the cassoulet slowly, the flavours have a chance to develop and the end result is a rich casserole style dish with texture and flavour aplenty. Serve this classic French peasant dish with some buttered green beans.

Digon i 6   *Serves 6*

CYNHWYSION / INGREDIENTS

Cymraeg	Nifer	English
Coes hwyaden	4	Duck legs
Selsig Toulouse	6	Toulouse sausages
Stribedi o facwn wedi mygu	175g	Smoked lardons
Llwy fwrdd o olew rapeseed	1	Tablespoon of rapeseed oil
Moron	3	Carrots
Coes helogan	2	Celery sticks
Winwnsyn mawr	1	Large onion
Ewin garlleg	6	Garlic cloves
Llwy fwrdd o buree tomato	3	Tablespoons of tomato puree
Gwin coch	300ml	Red wine
Litr o stoc cyw iâr	1.5	Litre chicken stock
Ffa haricot o dun	600g	Haricot beans (tinned)
Haidd gwyn	100g	Pearl barley
Dyrnaid bach o deim		Small handful fresh thyme
Deilen bae	5	Bay leaves
Halen a phupur		Salt and pepper
Persli ffres i'w weini		Fresh parsley to serve

I'W WEINI / TO SERVE

Salad gwyrdd a dresin lemwn

Green salad and lemon dressing

1. Prociwch y coesau hwyaden drostynt a'u rhostio mewn ffwrn ar 200°C / Ffan 180°C / Nwy 6 am 1 awr. Unwaith maen nhw wedi eu rhostio, cadwch y sudd a'r braster a gwahanu'r cig o'r esgyrn. Rhowch bopeth i'r naill ochr am y tro.
2. Trowch dymheredd y ffwrn i lawr i 180°C / Ffan 160°C / Nwy 4.
3. Twymwch olew mewn dysgl caserol a ffrïwch stribedi o facwn wedi mygu a selsig Toulouse tan eu bod yn euraidd, yna tynnwch nhw mas a'u rhoi i'r naill ochr.

1. Prick the duck legs all over and roast in a preheated oven at 200°C / Fan 180°C / Gas mark 6 for 1 hour. Once roasted, keep the juices and fat and remove the meat from the bones. Keep to one side until later.
2. Reduce the temperature to 180°C / Fan 160°C / Gas mark 4.
3. Heat some rapeseed oil in a casserole dish and fry the smoked lardons and Toulouse sausages until golden, then remove and leave to cool.

4. Ychwanegwch y winwns, y moron a'r helogan i'r ddysgl a'u ffrio am 5–8 munud cyn ychwanegu garlleg a'i goginio am ddau funud arall. Ychwanegwch puree tomato a choginio'r cyfan am funud cyn ychwanegu gwin coch a dod â'r cyfan i'r berw. Ychwanegwch stoc cyw iâr a'r sudd o'r hwyaden a mymryn o'r braster, gan eu dilyn gyda haidd gwyn, ffa haricot, teim, dail bae, halen a phupur. Rhowch y bacwn a'r selsig yn ôl i mewn ac arhoswch i'r cyfan ferwi cyn rhoi'r caead ar ei ben a'i osod yn y ffwrn am 40 munud.

5. Ychwanegwch gig yr hwyaden a choginiwch y cyfan heb gaead am chwarter awr arall.

6. Taenwch bersli ffres ar ei ben a'i weini gyda salad gwyrdd.

4. Add the onion, carrots and celery sticks to the dish and fry for 5–8 minutes, then add 6 garlic cloves and fry for a further 2 minutes. Add tomato puree and cook out for a minute then add red wine and bring to a boil. Add chicken stock and the duck pan juices and a little of the fat, followed by the pearl barley, haricot beans, thyme, bay leaves and season with the pepper and a little salt. Add back the lardons and sausages, bring to a boil, cover and pop in the oven for 40 minutes.

5. Add the duck meat and cook uncovered for a further 15 minutes.

6. Sprinkle with fresh parsley and serve with a green salad.

PEI PWMPEN
PUMPKIN PIE

Dwi'n cofio'r brathiad cyntaf o'r pei pwmpen ges i wrth aros gyda fy nheulu yn Morton Illinois. Doeddwn i ddim yn siŵr a fyddwn i'n hoffi'r pwdin rhyfedd 'ma, ond mae'r llenwad hufennog llawn sbeisys yn rhywbeth fyddwch chi un ai'n ei garu neu'n ei gasáu. Yn bersonol, dwi'n ei garu ac yn hoff o'i wneud bob blwyddyn ym mis Hydref. I'w weini'n oer fel ei fod e'n haws i'w dorri gan roi'r cyfle i'r blasau gyfuno.

I remember my first bite of pumpkin pie whilst staying with my family in Morton Illinois. I wasn't sure if I was going to like this strange dessert, but the creaminess of the filling, spiked with spices and served with sweetened whipped cream, is unique and something you'll either love or hate. Personally I love it, and love my annual pumpkin pie making session in October. Serve cold as it will be easier to cut but also gives the flavours a chance to meld.

Digon i 8–10   *Serves 8–10*

PEI PWMPEN   PUMPKIN PIE

Siwgwr mân	**170g**	Caster sugar
Llwy de o halen	½	Teaspoon of salt
Llwy de o sinamon	**1**	Teaspoon of cinnamon
Llwy de o sinsir mâl	½	Teaspoon of ground ginger
Llwy de o glofs	¼	Teaspoon of ground cloves
Wy mawr	**2**	Large eggs
Tun o buree pwmpen heb ei felysu	**1**	Tin of unsweetened pumpkin puree
Tun o laeth anwedd	**170g**	Tin of evaporated milk

1. Ar gyfer llenwad y pei, cymysgwch y siwgwr mân a'r halen gyda sinamon, sinsir a chlofs mewn powlen fach.
2. Curwch yr wyau mewn powlen fwy a chymysgwch y can o buree bwmpen gyda'r gymysgedd siwgwr a'r sbeis.
3. Yn raddol, cymysgwch laeth anwedd i mewn ac yna arllwyswch bopeth i gragen y pei.
4. Pobwch mewn ffwrn ar 220°C / Ffan 200°C / Nwy 7 am 15 munud. Dewch â'r tymheredd i lawr i 180°C / Ffan 160°C / Nwy 4 am 40–50 munud, neu tan fod cyllell yn dod mas o'r pei yn lân.
5. Gadewch i oeri am 2 awr. Gallwch ei fwyta'n syth, neu ei roi yn yr oergell. I'w weini gyda hufen melys wedi'i chwipio.

1. To make the pumpkin pie filling, mix the sugar, salt, cinnamon, ground ginger and ground cloves in a small bowl.
2. Beat the eggs in a large bowl then stir in the can of pumpkin puree and the sugar and spice mix.
3. Gradually stir in the evaporated milk and then pour into your prepared pie shell.
4. Bake in a preheated oven at 220°C / Fan 200°C / Gas mark 7 for 15 minutes. Reduce the temperature to 180°C / Fan 160°C / Gas mark 4 for 40–50 minutes, or until a knife inserted near the centre comes out clean.
5. Cool on a rack for 2 hours. Serve immediately or refrigerate. Serve with slightly sweetened whipped cream.

PEI MWD MISSISSIPPI
MISSISSIPPI MUD PIE

Mae hwn yn yffach o bwdin. Peidiwch â gadael i'r gwahanol elfennau eich digalonni. Mae'n bwdin eithaf hawdd i'w wneud unwaith i chi osod yr haenau at ei gilydd, ac mae'r canlyniad yn anfarwol.

This is one heck of a dessert. Don't be put off by all the different elements, as they're relatively easy to do and when they're brought together to form layer upon layer of chocolate goodness, the finished result is simply divine.

Digon i 8–10   *Serves 8–10*

CYNHWYSION / INGREDIENTS

Bisgedi Bourbon	**300g**	Bourbon biscuits
Menyn wedi toddi	**85g**	Melted butter

BROWNI SIOCLED / CHOCOLATE BROWNIE

Menyn	**115g**	Butter
Siocled tywyll	**115g**	Dark chocolate
Wy	**2**	Eggs
Siwgwr brown golau meddal	**300g**	Soft light brown sugar
Blawd plaen	**75g**	Plain flour
Llwy fwrdd o bowdwr coco	**2**	Tablespoons of cocoa powder
Pinsied o halen		Pinch of salt

PWDIN SIOCLED / CHOCOLATE PUDDING

Llaeth cyflawn	**500ml**	Whole milk
Melyn wy	**6**	Egg yolks
Siwgwr mân	**100g**	Caster sugar
Blawd corn	**20g**	Cornflour
Powdwr coco	**25g**	Cocoa powder
Llwy de o bast fanila	**1**	Teaspoon of vanilla bean paste

I'W ADDURNO / TO DECORATE

Hufen dwbl	**300ml**	Double cream
Llwy fwrdd o siwgwr eisin	**1**	Tablespoon of icing sugar
Siocled tywyll		Dark chocolate bar

1. Irwch a leiniwch dun 9 modfedd gyda gwaelod rhydd a thwymwch y ffwrn i 180°C / Ffan 160°C / Nwy 4. Mewn prosesydd bwyd, pylsiwch y bisgedi yn fân. Ychwanegwch y menyn wedi toddi a'i gymysgu yn dda. Arllwyswch i mewn i'r tun pobi a'i adael i oeri yn yr oergell am 10 munud cyn ei bobi am 10 munud.

2. Yn y cyfamser, gwnewch y llenwad cacen siocled. Cychwynnwch drwy doddi'r siocled gyda'r menyn mewn sosban dros wres isel.

3. Mewn powlen fawr, ychwanegwch y siwgwr a churwch yr wyau iddo. Yn raddol, ychwanegwch y gymysgedd siocled a menyn a'i gymysgu yn dda. Hidlwch y blawd, y powdwr coco a'r halen a'u curo yn dda, yna arllwyswch y gymysgedd dros y bisgedi sy'n ffurfio gwaelod y gacen a'i bobi am 25–30 munud. Unwaith mae'r gacen wedi pobi, gadewch i oeri yn gyfan gwbl.

1. Grease and line a 9 inch, loose-bottomed, spring form tin and preheat the oven to 180°C / Fan 160°C / Gas mark 4. In a food processor, pulse the biscuits until they resemble breadcrumbs. Add the melted butter and pulse again until combined and then pour into the prepared tin. Press the biscuit crumb into the base and up the side of the tin. Leave to chill in the fridge for 10 minutes, and then bake in the oven for 10 minutes.

2. Meanwhile make the brownie cake filling. Melt the chocolate and butter together in a small saucepan over a low heat until smooth and glossy.

3. In a large bowl add the sugar and beat in the eggs, then gradually add in the melted chocolate and butter mixture until combined. Sieve in the flour, cocoa powder and salt, beat well and pour the mixture into the biscuit pie crust and bake for 25–30 minutes. Once baked, leave to cool completely.

4. I wneud y pwdin siocled, twymwch y llaeth gyda'r past fanila mewn sosban tan ei fod ychydig uwch na thymheredd y corff – gwnewch yn siŵr nad yw hwn yn berwi.

5. Tra bod y llaeth yn cynhesu, cymysgwch y melyn wy a'r siwgwr, yna ychwanegwch y blawd corn a'r powdwr coco. Unwaith mae'r llaeth wedi cyrraedd y tymheredd iawn, arllwyswch yn araf i'r melyn wy a'i gymysgu'n dda. Rhowch y gymysgedd yn ôl yn y sosban a dod â hi i'r berw, gan ei throi yn gyson. Gadewch i ffrwtian am funud gan ei throi o hyd, ac yna crafwch i bowlen lân, gan ei hidlo os dymunwch.

6. Gorchuddiwch y gymysgedd gyda cling film, a'i osod yn syth ar ei phen. Mae hyn yn atal haen o groen rhag ffurfio. Gadewch i oeri yn gyfan gwbl.

7. I'w osod, tynnwch y pei o'r tun a'i roi ar blât. Trowch y gymysgedd pwdin siocled tan ei bod yn esmwyth a'i harllwys ar ben y pei hyd at yr ymylon.

8. Chwipiwch yr hufen a'r siwgwr eisin tan ei fod yn dechrau dal ei siâp – peidiwch â gorgymysgu. Rhowch yr hufen ar ben y pwdin siocled yn ofalus.

9. Yna, gratiwch ddigon o siocled i'w roi ar ei ben. Sleisiwch yn ddarnau digon hael i'w gweini.

4. For the chocolate pudding, heat the milk with the vanilla paste in a saucepan until just over body temperature – make sure it doesn't boil.

5. While the milk is warming, whisk together the egg yolks and sugar first then add in the cornflour and cocoa powder until evenly combined. Gradually add the warm milk to the egg mixture and stir until combined. Return the mixture to the saucepan and bring to the boil, stirring the mixture continuously. Leave to bubble for a minute whilst stirring, then scrape into a clean bowl, passing it through a sieve should you wish.

6. Cover the mixture with cling film, placing it directly onto the mixture in order to stop a skin forming. Leave to cool completely.

7. To assemble, carefully remove the pie from the tin and place on a plate or cake stand. Stir the chocolate pudding mixture until smooth then spoon on top of the pie, spreading the mixture evenly to the edges.

8. Whip the cream and icing sugar with a hand balloon whisk until it just starts to hold its shape – don't over whisk. Carefully spoon the cream on top of the chocolate pudding.

9. Finally, grate plenty of chocolate on top. Slice into generous wedges to serve.

PWDIN EIRIN GWLANOG
PEACH COBBLER

I fi, mae 'cobbler' yn rhywbeth rhwng y crymbl Prydeinig a phei. Dyw'r haen uchaf ddim yn grensiog fel crymbl, nac yn debyg i orchudd pei chwaith. Mae iddo ansawdd tebyg i sbwng am wn i – ond dyw e ddim yn debyg i'r tri yma chwaith. Mae'n unigryw ac yn flasus uffernol 'fyd.

A 'cobbler' to me is a hybrid between a humble British crumble and pie. The topping isn't crunchy like a crumble nor is it similar to a pie topping. I suppose it has similar texture qualities to a sponge – but essentially it is neither one of these three, it is uniquely a cobbler and blinking delicious too.

Digon i 6   Serves 6

CYNHWYSION   INGREDIENTS

Cymraeg		English
Eirin gwlanog	**8**	Peaches
Siwgwr mân	**100g**	Caster sugar
Siwgwr brown golau	**85g**	Light brown sugar
Llwy de o sinamon	**2**	Teaspoons of cinnamon
Llwy de o nytmeg	**½**	Teaspoon of nutmeg
Llwy de o sinsir	**¾**	Teaspoon of ginger
Gwasgiad o sudd lemwn		Squeeze of lemon juice
Llwy de o flawd corn	**2**	Teaspoons of corn flour
Blawd plaen	**140g**	Plain flour
Llwy de o bowdwr pobi	**1**	Teaspoon of baking powder
Pinsied o halen		A good pinch of salt
Menyn	**90g**	Butter
Dŵr berwedig	**60ml**	Boiling water
Llwy fwrdd o siwgwr mân ychwanegol	**3**	Additional tablespoons of caster sugar

1. Twymwch y ffwrn i 220°C / Ffan 200°C / Nwy 7.
2. Tynnwch y cerrig o'r eirin gwlanog a'u sleisio cyn eu gosod yn y bowlen gyda 50g o siwgwr mân, 40g o'r siwgwr brown, 1 llwy de o sinamon, nytmeg, sinsir, gwasgiad o sudd lemwn a blawd corn. Cymysgwch bopeth tan fod y gymysgedd yn gytbwys, wedyn rhowch y cyfan mewn tun rhostio a'i goginio am 10 munud.
3. Mewn powlen arall, cymysgwch y blawd plaen, 50g o siwgwr mân a'r 45g o'r siwgwr brown sy'n weddill, powdwr pobi a phinsied o halen. Torrwch y menyn yn giwbiau a'i rwbio i mewn i'r blawd tan fod y gymysgedd yn debyg i friwsion bara. Gan ddefnyddio cyllell, arllwyswch a throi'r dŵr berwedig iddo tan fod y gymysgedd yn cyfuno.
4. Unwaith mae'r eirin wedi coginio am 10 munud, rhaid gollwng llwyeidiau o'r gymysgedd ar y ffrwythau. Cymysgwch 3 llwy fwrdd o siwgwr mân ychwanegol gydag 1 llwy de o sinamon a'i ysgeintio fel eira dros y pwdin.
5. Pobwch am 20–25 munud, neu tan fod y pwdin yn troi'n euraidd.
6. I'w weini'n dwym gyda hufen iâ.

1. Preheat the oven to 220°C / Fan 200°C / Gas mark 7.
2. Cut, de-stone and slice the peaches and place in a bowl with 50g caster, 40g brown sugar, 1 teaspoon of cinnamon, the nutmeg and ginger, lemon juice and corn flour. Mix to evenly combine then place into a large roasting dish and cook for 10 minutes.
3. In another bowl, mix together the flour, remaining 50g caster sugar and 45g brown sugar, baking powder and salt. Cube the butter and rub into the flour mixture until it resembles breadcrumbs. Using a knife, stir in the water until just combined.
4. Once the peaches have had their 10 minutes, drop spoonfuls of the topping onto the peaches. Mix the 3 tablespoons of caster sugar with the last teaspoon of cinnamon and sprinkle over the dish.
5. Bake for 20–25 minutes or until golden.
6. Serve hot with ice cream.

LLE I BWDIN?

Ry'n ni i gyd yn gwybod bod 'na stumog ychwanegol arbennig ar gyfer pwdin! Fe ddewch o hyd i fy rysáit Macaron enwog yn y bennod yma gyda digon o gynghorion am sut i'w cael nhw'n hollol berffaith. Beth am bobi Tartenni Ffrwythau neu Darten Frangipane Llus? Gorffennwch eich cinio Sul gyda Phwdin Reis Cnau Coco neu damaid o Basbousa. Sbwyliwch eich hunen!

ROOM FOR PUDDING?

We all know there's a special separate stomach for puddings, right?! You'll find my famous Macaron recipe in this chapter, with plenty of tips on how to get them just right. Impress your family and friends with my Fresh Fruit Tarts or my Blueberry Frangipane Tart, or round off your Sunday roast with a cooling Coconut Rice Pudding or a fragrant slice of Basbousa. Go on, you know you want to...

TARTENNI FFRWYTHAU
FRUIT TARTS

Mae'r rhain yn fy atgoffa o fwyta tartenni ffrwythau yn blentyn ar wyliau yn Ffrainc. Roeddwn i'n arfer eu datgymalu a bwyta pob elfen ar wahân er mwyn i'r darten bara mor hir â phosib. Dwi'n defnyddio amrywiaeth o ffrwythau fel bod y lliwiau'n amlwg, ac yn eu gorchuddio gyda sglein er mwyn ychwanegu'r elfen patisserie 'na i'r cyfan.

I have memories of eating fresh fruit tarts as a child on holiday in France. I would dissect and eat each individual element in order to make the pie last as long as possible. I try and use a variety of fruit so that the colours stand out, finished with a little glaze to add shine and that patisserie shop finish to the bake.

Digon i 6 tarten   *Makes 6 tarts*

CRÈME PATISSERIE / CRÈME PATISSERIE

Llaeth cyflawn	500ml	Whole milk
Melyn wy	6	Medium free-range egg yolks
Siwgwr mân	75g	Caster sugar
Blawd plaen	20g	Plain flour
Blawd corn	25g	Corn flour
Pod fanila wedi ei dorri ar ei hyd		Vanilla pod, split lengthways

I ADDURNO / TO DECORATE

Llus	75g	Blueberries
Mefus	75g	Strawberries
Mango	½	Mango
Ffrwythau kiwi	2–3	Kiwi fruit
Jar jam bricyll	½	Jar apricot jam

Byddwch hefyd angen defnyddio crwst brau melys mewn casys tartenni bach wedi ei oeri yn barod i'w lenwi. Mae'r rysáit ar dudalen 213

You will also need one quantity of the sweet shortcrust pastry, blind baked in small tart cases and cooled ready for filling. Go to the recipe on page 213

1. I wneud y crème patisserie, twymwch y llaeth gyda'r pod fanila mewn sosban fach tan fod y gymysgedd yn cyrraedd y berw. Tynnwch oddi ar y gwres. Tra mae'r llaeth yn twymo, cymysgwch y melyn wy, y siwgwr, y blawd plaen a'r blawd corn mewn powlen fawr. Tynnwch y pod fanila ac ychwanegwch y llaeth yn raddol i'r gymysgedd wy a chwipiwch yn gyson tan fod y llaeth i gyd wedi ei ychwanegu. Trosglwyddwch y gymysgedd yn ôl i'r sosban tan ei bod yn dod i'r berw ac yna gadewch iddi ffrwtian am ychydig tra eich bod chi'n parhau i'w throi. Yna tynnwch oddi ar y gwres a'i throsglwyddo i bowlen lân a'i gorchuddio gyda cling film i atal unrhyw groen rhag ffurfio. Rhowch yn yr oergell am ychydig oriau i oeri'n gyfan gwbl.

2. Ar gyfer y ffrwythau, sleisiwch y mefus a thorrwch y ffrwythau kiwi a'r mango yn sgwariau bach. Golchwch y llus a'u defnyddio'n gyfan. Twymwch y jam bricyll mewn sosban fach gydag ychydig o ddŵr a'i hidlo.

1. To make the crème patisserie, heat the milk with the vanilla pod in a small saucepan until it just about reaches boiling point and then remove from the heat. Whilst the milk is heating, in a large bowl mix the egg yolks and the sugar, add the flours and mix until combined. Remove the vanilla pod and gradually add the milk to the egg mixture and whisk continuously until all the milk has been added. Transfer the mixture back to the saucepan and bring to a boil, stirring continuously and letting it bubble a little before removing from the heat. Transfer to a clean bowl and cover with cling film directly on top to stop skin forming. Leave to cool a little before placing in the fridge for a few hours to cool completely.

2. For the fruit, slice the strawberries and chop the kiwi fruit and mango into small cubes. Wash and keep the blueberries whole. Heat the apricot jam in a small saucepan with a little water, then pass it through a sieve so that you have a smooth glaze.

3. I osod y tartenni, tynnwch y casys o'r tuniau a'u gosod ar y bwrdd tra eich bod chi'n eu llenwi a'u haddurno. Curwch y crème patisserie tan ei fod yn esmwyth a'i arllwys i mewn i fag peipio. Peipiwch y crème patisserie i mewn i'r tartenni yn daclus. Gosodwch y ffrwythau ar y top a'u gorffen gyda sglein o'r jam bricyll. I'w gweini'n syth, neu rhowch nhw yn yr oergell mewn dysgl wedi'i selio a'u bwyta o fewn 1–2 ddiwrnod.

3. To assemble the tarts, remove the pastry cases from the tins and place on a chopping board whilst you fill and decorate them. Beat the crème patisserie until smooth then scrape into a piping bag and pipe the crème patisserie neatly into the cases. Arrange the chopped fruit on top in pretty stripes and finish by glazing the tarts with the apricot jam. Serve immediately, or store in the fridge in an airtight container until needed and eat within 1–2 days.

CLAFOUTIS SIOCLED A CHEIRIOS
CHERRY AND CHOCOLATE CLAFOUTIS

Pwdin clasurol Ffrengig sy'n cael ei wneud drwy greu cytew a'i bobi fel ei fod yn setio yn ysgafn a'r tu mewn yn feddal. Dwi wedi gwneud fy clafoutis gan ddefnyddio'r cyfuniad clasurol o geirios a siocled a byddwn yn ei weini gyda hufen dwbl neu hufen iâ blas fanila. Symlrwydd ar ei orau.

A classic French dessert that is made by making a batter and baking it until it just sets, so that you have a soft centre. I've made my clafoutis using the classic combination of cherries and chocolate and I would simply serve it with some double cream or a scoop of vanilla ice cream. Simplicity at its best.

Digon i 4–6   *Serves 4–6*

CYNHWYSION / INGREDIENTS

Cymraeg		English
Siocled tywyll safonol (70% coco)	100g	Good quality dark chocolate (70% cocoa solids)
Menyn heb ei halltu	80g	Unsalted butter
Blawd codi	115g	Self-raising flour
Cnau almwn mâl	115g	Ground almonds
Siwgwr	60g	Sugar
Pinsied go dda o halen		A good pinch of salt
Wy mawr	2	Large eggs
Melyn wy	3	Egg yolks
Llaeth cyflawn	180ml	Whole milk
Ceirios aeddfed heb gerrig	250g	Ripe cherries, pitted
Llwy fwrdd o siwgwr mân ac ychwaneg wrth gefn	1½	Tablespoons of caster sugar, plus extra for sprinkling
Llwy fwrdd o kirsch (opsiynol)	2	Tablespoons of kirsch (optional)

1. Twymwch y ffwrn i 200ºC / Ffan 180ºC / Nwy 6.
2. Bydd angen tun pobi sydd o leiaf 20cm o ddyfnder neu ddysgl bridd i bobi'r clafoutis. Irwch du mewn y ddysgl gyda menyn.
3. I wneud y clafoutis, hidlwch y blawd i bowlen arall, yna ychwanegwch y cnau almwn, hanner y siwgwr (30g), halen, yr wyau a'r melyn wy, y croen oren a'r llaeth.
4. Nesaf, rhowch y menyn a'r siocled mewn sosban dros wres isel tan fod y ddau wedi toddi i'w gilydd.
5. Crafwch y siocled a'r menyn sydd wedi toddi i mewn i'r cytew, cymysgwch yn dda a'i arllwys i dun pobi.
6. Rhowch y ceirios i mewn i'r cytew a'i osod yn y ffwrn am 16–20 munud. Rwy'n socian y ceirios dros nos mewn kirsch, ond does dim byd yn bod gyda cheirios ffres.
7. Peidiwch â choginio'r clafoutis yn ormodol. Dylai fod yn galed rownd yr ymylon ond yn sticlyd yn y canol. Dyw hyn ddim yn golygu nad yw e'n barod... mae'n berffaith! Byddwch yn ofalus nad yw e'n troi yn sbwng diflas.

1. Preheat your oven to 200ºC / Fan 180ºC / Gas mark 6.
2. You will need a deep 20cm metal tin or earthenware dish to cook the clafoutis in. Rub the inside of it with a little of the butter.
3. To make the clafoutis, sift the self-raising flour into a separate bowl, add ground almonds, half the sugar (30g), a pinch of salt, the eggs and egg yolks, orange zest and the whole milk.
4. Next, place the butter and chocolate in a saucepan over low heat until they've melted together.
5. Scrape all the melted chocolate and butter into the batter, mix well and pour into your baking tin.
6. Poke the cherries into the batter and place in the oven for 16–20 minutes. I soaked the cherries in some kirsch over night, but there's nothing wrong with using fresh cherries.
7. The clafoutis will rise and should be firm around the edges but sticky and gooey in the middle. This doesn't mean it's undercooked... it means it's perfect! So be careful not to overcook it or it will just be like a boring sponge.

TARTEN FRANGIPANE LLUS
BLUEBERRY FRANGIPANE TART

Dwi wastad yn archebu Tarten Frangipane os dwi'n ei gweld ar y fwydlen mewn caffi neu dŷ bwyta. Dwi'n gaeth i flas melys y cnau almwn; pan oeddwn i'n ferch fach byddwn i'n sleifio mewn i'r pantri bach i fwyta darnau o farsipan! Mae hwn yn rysáit syml sy'n defnyddio jam llus wedi ei brynu o siop a'i orchuddio gyda frangipane cartref. I'w weini'n dwym ar ei ben ei hun neu gydag ychydig o hufen. Nefoedd pur.

If there's ever a Frangipane Tart on the menu at a restaurant or a café, I will always order it as I'm addicted to the taste of sweet fragrant almonds; so much so that as a child I would sneak into the pantry in our kitchen and eat chunks of marzipan! This is a simple recipe using shop-bought blueberry jam, topped with homemade frangipane. Serve warm on its own or with a little drizzle of cream. Sheer heaven.

Digon i 6   *Serves 6*

FRANGIPANE   FRANGIPANE

Siwgwr mân euraidd	**90g**	Golden caster sugar
Menyn heb ei halltu	**90g**	Unsalted butter
Cnau almwn mâl	**90g**	Ground almonds
Llwy fwrdd o flawd plaen	**1**	Tablespoon of plain flour
Wy	**1**	Egg
Crwst brau melys, tudalen 213	**1**	Quantity of sweet shortcrust pastry, page 213

I ADDURNO   TO DECORATE

Jar o jam llus da	**½**	Jar good quality blueberry jam
Llus ffres	**80g**	Fresh blueberries
Jam bricyll		Apricot jam to glaze

1. I wneud y frangipane, cymysgwch y menyn a'r siwgwr gyda'i gilydd cyn ychwanegu'r wy, y blawd a'r cnau almwn mân. Gorchuddiwch gyda cling film a'i roi yn yr oergell.
2. Twymwch y ffwrn i 200°C / Ffan 180°C / Nwy 6.
3. I osod y darten, rhowch haen dda o'r jam llus i orchuddio'r gwaelod. Yna, rhowch haen wastad o'r frangipane ar ben y jam a'i orffen gyda haen arall o'r llus ffres a'i bobi am 25–35 munud neu tan ei fod yn euraidd.
4. Gadewch i oeri yn y tun cyn ei dynnu mas a'i osod ar blât.
5. Twymwch y jam bricyll mewn sosban a'i roi trwy hidlwr tan ei fod yn esmwyth. Brwsiwch y jam dros y darten tan ei bod yn sgleinio.
6. Bwytewch yn dwym gydag ychydig o hufen.

1. To make the frangipane, cream together the butter and sugar then add in the eggs, flour and ground almonds until you have a smooth mixture. Cover with cling film and place in the fridge until needed.
2. Preheat the oven to 200°C / Fan 180°C / Gas mark 6.
3. To assemble the tart, spread a good layer of the blueberry jam onto the base of the tart, making sure that it covers the bottom of the pastry case. Spoon on and spread the frangipane evenly on top of the jam. I find that if you dollop the frangipane evenly across the jam it will make it much easier to spread. Finish by scattering the fresh blueberries over the frangipane and bake in a preheated oven for 25–35 minutes or until golden brown.
4. Leave to cool in the tin, then remove and place on your presentation plate.
5. Heat the apricot jam in a saucepan to slacken and pass through a sieve so that it's smooth. Brush the jam onto the tart so that it glistens.
6. Serve warm with a little cream.

BASBOUSA

Fe ddatblygais y rysáit yma ar gyfer menter 'Cook for Syria' a drefnwyd gan Borough Market yn Llundain – lle sy'n agos iawn at fy nghalon. Pan oeddwn i'n byw yn y ddinas, byddwn i'n ymweld â'r farchnad bob bore Sadwrn i wella'r pen clwc. Y dyddiau yma, dwi'n un o gogyddion ymgynghorol y farchnad ac yn aml yn ysgrifennu ryseitiau ac erthyglau yn ogystal â gwneud arddangosiadau yno. Mae'r Basbousa yma yn lysh gydag arogl dŵr rhosod ac yn sticlyd gyda'r surop. Mae'r gacen yma yn siŵr o wneud i chi fod eisiau mwy.

This recipe was created for a special Cook for Syria initiative organised by Borough Market in London – a place I hold very dear to my heart. When I lived in London, I would visit the market every Saturday morning to heal my hangover and to get a proper foodie fix. These days I'm one of the market's chef-consultants and often write recipes and articles as well as doing cookery demonstrations in this world-famous food market. This Basbousa is simply stunnig. Heady with aromas of rose water and sticky with syrup – although sweet, this cake is addictive and effortlessly entices you back for more.

Digon i 12   *Serves 12*

CYNHWYSION   INGREDIENTS

Cymraeg	Maint	English
Semolina	**300g**	Semolina
Pistachios mâl	**65g**	Ground pistachios
Cnau coco sych heb eu melysu	**50g**	Unsweetened desiccated coconut
Blawd codi	**65g**	Self-raising flour
Siwgwr mân	**200g**	Caster sugar
Iogwrt naturiol plaen	**200g**	Natural plain yogurt
Menyn heb ei halltu	**200g**	Unsalted butter
Llwy de o flas fanila	**1**	Teaspoon of vanilla extract
Pistachios cyfan i addurno	**25g**	Whole pistachios to decorate

CYNHWYSION Y SUROP   SYRUP INGREDIENTS

Cymraeg	Maint	English
Siwgwr mân	**175g**	Caster sugar
Dŵr	**175ml**	Water
Gwasgiad da o sudd lemwn		A good squeeze of lemon
Llwy de o ddŵr rhosod	**2**	Teaspoons of rosewater

1. Twymwch y ffwrn i 190°C / Ffan 170°C / Nwy 5 ac irwch a leiniwch dun crwn 9 modfedd.
2. Malwch gnau pistachio mewn prosesydd bwyd cyn eu rhoi mewn powlen fawr gyda semolina, cnau coco sych, blawd codi a siwgwr. Toddwch y menyn a'i ychwanegu gyda'r cynhwysion sych, iogwrt a blas fanila.
3. Cymysgwch gyda llwy bren tan fod y cyfan wedi cyfuno cyn ei arllwys i mewn i'r tun sydd wedi ei iro. Llyfnwch y top gyda llwy, wedyn, gyda chyllell finiog, marciwch y diamwntiau. Rhowch gnewyllyn pistachio yng nghanol pob diamwnt a'i bobi ar y silff ganol am 35–40 munud.

1. Preheat the oven to 190°C / Fan 170°C / Gas mark 5 and grease and line a round, 9 inch cake tin.
2. Grind pistachios in a food processor then pop into a mixing bowl along with semolina, desiccated coconut, flour and caster sugar. Melt the butter then add to the dry ingredients along with natural yogurt and vanilla extract.
3. Stir with a wooden spoon until evenly combined then pour into your prepared cake tin. Smooth the top with your spoon, then using a sharp knife, mark out your diamonds. Place a pistachio kernel in the middle of every diamond then bake on the middle shelf for 35–40 minutes.

4. Tra mae'r gacen yn pobi, gwnewch y surop drwy doddi siwgwr mân mewn dŵr mewn sosban fach dros wres canolig. Gadewch i'r hylif fyrlymu am 5 munud cyn ei dynnu oddi ar y gwres ac ychwanegu ychydig o sudd lemwn a dŵr rhosod.

5. Unwaith mae'r gacen wedi pobi, tynnwch hi o'r ffwrn a thorrwch ar hyd y llinellau sydd eisoes wedi eu marcio i wneud y diamwntiau yn amlwg eto. Arllwyswch y surop dros y gacen pan mae'r sbwng yn dal yn dwym. Gadewch y gacen i oeri yn y tun cyn ei gweini.

6. Tip: gallwch ddefnyddio cnau almwn yn hytrach na pistachio, a dŵr blodau orenau yn hytrach na'r dŵr rhosod.

4. While the cake is baking, make the syrup by dissolving caster sugar in water in a small saucepan over a medium heat. Leave to bubble for 5 minutes, then remove from the heat and add a good squeeze of lemon juice and rosewater.

5. Once the cake is baked, remove from the oven and cut along the previously marked lines to redefine the diamonds again. Spoon over all the syrup whilst the cake is still hot then leave to cool in the tin before serving.

6. Tip: you can use almonds in place of pistachios and you can use orange blossom water in place of rosewater.

PWDIN REIS CNAU COCO
COCONUT RICE PUDDING

Mae'n teulu ni fel arfer yn mwynhau Pwdin Reis ar ddydd Sul gartref, ond dyma amrywiad bach ar y rysáit traddodiadol sy'n ei wneud yn ysgafn, yn ffres ac yn llawn blas. Mae'n well ei weini yn oer gyda ffrwythau trofannol ffres ar ei ben. Ffordd hynod o flasus o orffen pryd.

Rice Pudding is a Sunday pudding staple in our family, however my twist on this most traditional of desserts is light, fragrant and fresh flavoured. Best served cold, this creamy coconut pudding is seasoned with cardamom and topped with fresh tropical fruit – the most delicious way to end a meal.

Digon i 2–4   *Serves 2–4*

CYNHWYSION   INGREDIENTS

Reis pwdin	**55g**	Pudding rice
Llaeth cnau coco	**350ml**	Coconut milk
Croen leim	**1**	Lime zest
Pod cardamom	**3**	Cardamom pods, black seeds removed and ground
Llwy fwrdd o siwgwr brown golau	**1**	Tablespoon of light brown sugar
Llwy de o rinflas fanila	**1**	Teaspoon of vanilla essence
Hufen sengl	**110ml**	Single cream

I'W WEINI   TO SERVE

Passion fruit	**1–2**	Passion fruits
Mango wedi'i sleisio	**½**	Mango, sliced
Leim wedi ei dorri yn ddarnau	**1**	Lime, cut into wedges
Llwy de o siwgwr brown	**2**	Teaspoons of brown sugar

1. Rhowch reis pwdin, llaeth cnau coco, croen leim, cardamom, siwgwr brown golau a fanila mewn sosban dros wres canolig. Gadewch i'r gymysgedd ferwi.
2. Trowch y gwres yn is a'i adael i goginio am 1 awr wedi ei orchuddio gan droi'r gymysgedd bob hyn a hyn.
3. Pan mae'r reis wedi coginio, tynnwch oddi ar y gwres a'i adael i oeri gyda'r caead ymlaen.
4. Pan mae'r gymysgedd yn oer, rhowch yr hufen sengl i mewn.
5. Arllwyswch i bowlenni a rhowch ychydig o fango a'r passion fruit ar y top gyda siwgwr brown a darnau o leim ar yr ochr.

1. Place the pudding rice, coconut milk, lime zest, cardamom pods, light brown sugar and vanilla in a saucepan over a medium heat and bring to the boil.
2. Reduce the heat, cover and cook for 1 hour, stirring occasionally.
3. When the rice is cooked, remove from the heat and leave to cool with the lid on.
4. When the mixture is cold, stir in the single cream.
5. Pour into a serving bowl, top with mango and passion fruit and a sprinkling of brown sugar and serve with wedges of lime on the side.

PWDIN TAFFI STICLYD
STICKY TOFFEE PUDDINGS

Mae'n siŵr mai dyma un o'r pwdinau mwyaf Prydeinig gewch chi ac mae'n sicr o blesio. Y saws taffi ydi gogoniant y gacen i mi. Gwnewch yn siŵr eich bod yn defnyddio siwgwr muscovado tywyll er mwyn rhoi lliw dwfn i'ch sbwng a'r saws. Dwi wastad yn ei fwynhau gyda galwyni o hufen hefyd.

Most probably one of the most British puddings out there and a proper crowd pleaser of a pud too. The toffee sauce makes this dish for me, as without it you're just eating a delicious sponge cake. Make sure you use dark muscovado sugar in order to get a deep dark colour to your sponge and sauce. I always enjoy mine with gallons of cream too.

Digon i 8   *Serves 8*

CYNHWYSION   INGREDIENTS

Dêts	**150g**	Dates, chopped
Menyn	**150g**	Butter, soft (plus extra for greasing)
Siwgwr muscovado tywyll	**100g**	Dark muscovado sugar
Llwy fwrdd o driog du	**1**	Tablespoon of black treacle
Wy	**4**	Eggs
Llwy de o flas fanila	**1½**	Teaspoons of vanilla extract
Blawd codi	**280g**	Self-raising flour
Llwy de o bowdwr pobi	**2**	Teaspoons of baking powder

SAWS TAFFI   TOFFEE SAUCE

Hufen dwbl	**300ml**	Double cream
Siwgwr muscovado tywyll	**150g**	Dark muscovado sugar
Menyn	**55g**	Butter

1. Irwch a leiniwch dun myffin 8 twll a thwymwch y ffwrn i 180°C / Ffan 160°C / Nwy 4.
2. Rhowch y dêts wedi'u torri mewn sosban gyda dŵr berwedig dros wres canolig. Dewch â phopeth i fudferwi am 2–3 munud tan fod y dêts yn feddal ac wedi amsugno'r dŵr.
3. Cymysgwch y menyn a'r siwgwr muscovado tywyll gyda'i gilydd gan ddefnyddio cymysgwr trydan tan ei fod yn ysgafn. Ychwanegwch y fanila, y triog du a'r wyau un ar y tro cyn plethu'r blawd a'r powdwr pobi i mewn iddo.
4. Cymysgwch y gymysedd dêts a'i rhannu rhwng yr 8 twll myffins. Gorchuddiwch gyda ffoil a'i bobi am 20–25 munud.
5. Tra bod y sbwng yn coginio, gwnewch y saws taffi. Rhowch yr hufen dwbl mewn sosban gyda menyn a siwgwr muscovado tywyll a'i dwymo tan fod y siwgwr wedi toddi. Trowch y gwres lan a'i adael i ffrwtian am 3 munud tan fod y saws yn sgleinio.
6. Ychwanegwch weddill yr hufen. Arllwyswch dros y sbwng a'i weini gyda hufen iâ fanila.

1. Grease and line 8 muffin tin holes and preheat the oven to 180°C / Fan 160°C / Gas mark 4.
2. Place the chopped dates along with boiling water into a saucepan over a medium heat. Bring to a simmer and cook for 2–3 minutes until the dates are soft and have absorbed the water.
3. Meanwhile cream the butter and dark muscovado sugar with an electric whisk until light and fluffy. Add in the vanilla and black treacle and the eggs one at a time, then fold in self-raising flour and baking powder.
4. Mix in the date mixture then divide between the muffin holes. Loosely cover with foil and bake in the oven for 20–25 minutes until baked.
5. Whilst the sponge is cooking, make the toffee sauce. In a saucepan place the double cream, butter and dark muscovado sugar and heat gently until the sugar has dissolved. Turn up the heat and bubble for 3 minutes until the sauce is glossy.
6. Add in the remaining cream. Serve on top of the sponges with vanilla ice cream.

MACARONS

Fel nifer o ryseitiau a thechnegau, fe ddysgais fy hunan sut i wneud ac i feistroli'r macarons. Fe gymerodd y macarons lawer o gynigion i'w gwneud, ond roeddwn i'n benderfynol o'u cael nhw'n berffaith gan eu bod nhw'n bethau mor anhygoel. Maen nhw'n lliwgar, yn hwyl ac yn flasus, felly mae'r tudalennau nesaf wedi eu llunio'n arbennig ar gyfer rhannu ychydig o gynghorion gyda chi. Isod, mae'r rysáit ar gyfer y macaron sylfaenol, wedi ei ddilyn gan bedwar llenwad anhygoel. Ewch amdani – os na fyddwch chi'n llwyddiannus y tro cyntaf, dyfal donc.

As with many recipes and techniques, I taught myself how to make and master macarons. It did take several attempts, but I was determined to make them and perfect them as I think they're truly wonderful. So versatile, colourful, fun and of course tasty; I've dedicated the next few pages to these mini-mouthfuls in order to share all my macaron-making tips and tricks. Below you will find the basic method followed by four delicious fillings. Go for it – and if at first you don't succeed, get back in the kitchen and give it another go.

Digon i 30 macaron   *Makes 30 macarons*

CYNHWYSION   INGREDIENTS

Siwgwr eisin	175g	Icing sugar
Cnau almwn mâl	125g	Ground almonds
Siwgwr mân	75g	Caster sugar
Gwyn wy mawr	3	Large egg whites
Pinsied o halen		Pinch of salt
Past bwyd o ansawdd da		Good quality food paste

1. Leiniwch 2–3 o hambyrddau pobi gyda phapur gwrthsaim. Gan ddefnyddio pensil, marciwch 50–60 o gylchoedd yn mesur 3cm mewn diamedr gan adael 2cm rhwng pob un.

2. Rhowch y cnau almwn a'r siwgwr eisin mewn powlen maint canolig. Cymysgwch gan ddefnyddio fforc neu chwisg llaw i gael gwared ar unrhyw lympiau mawr.

3. Mewn powlen arall, rhowch y gwyn wy gyda phinsied o halen a'u chwipio i ffurfio pigau esmwyth. Parhewch i chwipio gan ychwanegu'r siwgwr mân ychydig ar y tro. Bydd y gwyn wy yn sgleiniog a chadarn unwaith mae'r holl siwgwr wedi cael ei ychwanegu. Cyn gorffen chwipio, ychwanegwch y past bwyd – po fwyaf o'r past gwnewch chi ei ychwanegu, cryfaf fydd y lliw.

4. Ychwanegwch y gwyn wy at y gymysgedd almwn. Gan ddefnyddio spatula, gwasgwch i lawr trwy'r gymysgedd gan droi'r bowlen ar yr un pryd. Yn awr, profwch drwch y gymysgedd wrth godi ychydig ar y spatula a'i adael i ddisgyn yn ôl i mewn i'r bowlen. Dylai ddisgyn a suddo yn ôl i mewn i'r gymysgedd yn hytrach na chadw ei siâp. Mae angen iddi fod fel rhuban, h.y. pan mae'r gymysgedd yn disgyn oddi ar y spatula mae'n ffurfio siâp rhuban cyn suddo. Mae hyn yn bwysig iawn – pan fyddwch chi'n peipio'r gymysgedd bydd angen i'r pig suddo yn ôl i lawr neu fydd topiau eich macarons chi ddim yn esmwyth.

1. Line 2–3 baking trays with sheets of greaseproof paper. Using a pencil, mark on the reverse of the paper 60 circles, measuring 3cm and leaving 2cm between each one.

2. In a medium bowl, add the almonds and icing sugar. Mix to combine the ingredients using a fork or a hand whisk to disperse any large lumps of sugar or ground almonds.

3. In a separate bowl, place the egg whites with a pinch of salt and whisk until they've formed soft peaks. Continue whisking and gradually add in the caster sugar a little at a time until all the sugar has been added and the whites are glossy and firm. Towards the end of the whisking add in the food colour paste – the more paste you add the stronger the colour will be.

4. Next, mix the egg whites with the almond mixture until combined. Using a spatula, press down through the mixture, rotating the bowl as you go. At this point, check the consistency by lifting some of the mixture up with the spatula and letting it fall back into the bowl. You should see that the mixture falls off with some fluidity and then starts to sink back into the mixture in the bowl rather than keep its shape. It needs to be a ribbon consistency, meaning that when the mixture falls off your spatula it makes a ribbon in the mixture before sinking in. This is important, as when you pipe the mixture into rounds the peak will need to sink into the mixture, otherwise your finished macarons will not be smooth on top.

5. Gallwch orgymysgu ar y pwynt yma os na fyddwch chi'n cadw golwg agos ar y gymysgedd. Os yw'r gymysgedd yn suddo yn sydyn, mae hynny'n golygu eich bod chi wedi gorgymysgu a bydd y macarons yn gwasgaru fel y byddwch chi'n eu peipio. Os nad ydych chi'n siŵr, dwi'n awgrymu peidio cymysgu digon fel eich bod chi'n gwybod y dylech gymysgu mwy erbyn y tro nesaf.

6. Unwaith y byddwch chi'n hapus gyda'r gymysgedd, rhowch mewn bag peipio a thorrwch dwll 1cm ar y gwaelod. Peipiwch y gymysgedd i ganol pob cylch gan adael iddi wasgaru at yr ymylon cyn symud ymlaen at y nesaf. Dylai'r cylch gadw ei siâp gyda'r top yn suddo yn ôl.

7. Gadewch y gymysgedd i ffurfio croen cyn pobi. Gall hyn gymryd rhwng 15 munud ac awr yn dibynnu pa mor llaith yw eich cegin. I weld a yw'r cregyn yn barod, teimlwch ochrau'r macaron yn ysgafn. Os yw'r macaron yn sych, maen nhw'n barod i'w pobi. Os yw'r cregyn yn sticlyd, gadewch nhw am 15 munud arall. Unwaith mae croen wedi ffurfio ar y cregyn, pobwch mewn ffwrn ar 150°C / Ffan 130°C / Nwy 2 am 13–15 munud. Gadewch i oeri cyn eu tynnu oddi ar y papur gwrthsaim. Rhowch lenwad o'ch dewis i mewn i'r macarons a'u cadw mewn tun wedi'i selio yn yr oergell. Bwytewch o fewn 5 diwrnod.

5. Overmixing at this stage can happen, especially if you don't check the mixture often to see if it needs further mixing or if it is ready to pipe. The mixture is ready when it falls off the spatula and sinks back in slowly to leave a smooth mixture. If the mixture sinks back in quickly then you have overmixed and the macarons will spread as you pipe them. I suggest slightly undermixing if you're unsure so that you know next time to mix slightly more.

6. Once you're happy with the mixture, pop it into a piping bag and snip a 1cm hole in the bag. Pipe the mixture into the middle of the templates, letting the mixture flood out to just meet the edge of the template before you stop piping and moving to the next one. The mixture should hold its round shape, with the top of the mixture gradually sinking back in to form a smooth top.

7. Leave the mixture to form a skin before baking; this can take anywhere between 15 minutes and an hour, depending on how humid your kitchen is. To test if the shells are ready, lightly touch the edge of one of the macarons and if it's dry to touch then you're ready to bake. If the shells are still sticky, leave them for a further 15 minutes and then test again. Once a skin has formed on the shells, bake them in a preheated oven, 150°C / Fan 130°C / Gas mark 2 for 13–15 minutes. Leave to cool before peeling the shells away from the paper. Fill with your chosen filling and store in an airtight container in the fridge and eat within 5 days.

MACARONS SIOCLED A MINTYS
MINT CHOCOLATE MACARONS

Past gwyrdd ar gyfer y cregyn		Green food paste for the shells
Siocled tywyll, 75% coco	**120g**	Dark chocolate, 75% cocoa solids
Hufen dwbl	**100ml**	Double cream
Ychydig o olew pupur-fintys		A couple of drops of peppermint extract/oil

1. Dilynwch y rysáit ar dudalen 198 i greu macaron sylfaenol, gan ychwanegu past bwyd gwyrdd at y gwyn wy fel bod gennych gragen werdd i'w llenwi.

2. I wneud y ganache, torrwch y siocled yn ddarnau a'u rhoi mewn sosban fach gyda'r hufen ac ychydig o'r olew pupur-fintys. Toddwch dros wres isel tan ei fod yn esmwyth ac yn sgleiniog. Gadewch y ganache i oeri cyn ei osod mewn bag peipio a'i roi yn yr oergell i galedu fymryn. Bydd hynny'n ei gwneud yn haws i beipio. Peidiwch â'i adael yn yr oergell yn rhy hir neu fe fydd yn gwbl soled.

3. I osod y macarons, parwch y cregyn a pheipiwch ychydig o'r ganache ar ganol un ohonyn nhw. Gosodwch y llall ar ei phen.

4. Rhowch y macarons yn yr oergell tan fyddwch chi'n barod i'w gweini.

1. Follow the basic macaron method on page 198, adding the green food paste to the egg whites so that you have a vivid green shell to fill.

2. To make the ganache, break the chocolate up into chunks and place in a small saucepan along with the cream and a few drops of the peppermint oil or extract. Melt over a low heat until smooth and glossy. Cool the ganache before placing into a piping bag and popping into the fridge to firm up a little, making it easier to pipe. Don't leave the ganache in the fridge too long otherwise it will set solid.

3. To assemble the macarons, match up the shells and pipe a small quantity of the ganache onto one half of the macaron shells, then sandwich the two halves together.

4. Keep the macarons chilled in the fridge until ready to serve.

MACARONS PINA COLADA
PINA COLADA MACARONS

AR GYFER Y CREGYN FOR THE SHELLS

Llwy fwrdd o gnau coco sych	**2**	Tablespoons of desiccated coconut
Past lliw bwyd melyn		Yellow food colour paste

LLENWAD FILLING

Pinafal ffres	**200g**	Fresh pineapple – I used tinned in fruit juice
Llwy fwrdd o siwgwr brown golau	**1**	Tablespoon of light brown sugar
Sudd leim	**½**	Juice of lime
Siocled gwyn	**50g**	White chocolate
Llwy fwrdd o gnau coco sych wedi eu malu'n fân	**2**	Tablespoons of desiccated coconut
Ychydig o rỳm (opsiynol)		A slug of rum (optional)

1. Dilynwch y rysáit ar dudalen 198 i greu macaron sylfaenol gan ychwanegu 2 lwy fwrdd o gnau coco sych i'r siwgwr eisin a'r cnau almwn cyn ychwanegu'r gwyn wy. Rhowch bast lliw bwyd melyn i mewn i'r gwyn wy unwaith mae'r siwgwr i gyd wedi ei ychwanegu.

2. I wneud y llenwad, rhowch y pinafal a'r siwgwr mewn sosban gyda 2 lwy fwrdd o'r sudd pinafal neu rỳm a'i osod ar wres isel-canolig tan fod y pinafal yn dechrau meddalu a charameleiddio. Tynnwch oddi ar y gwres a'i osod mewn prosesydd bwyd gyda sudd leim, cnau coco a'r siocled a'u cymysgu tan eu bod yn drwchus. Crafwch y cyfan i bowlen a'i adael i oeri cyn ei roi mewn bag peipio.

3. I osod y macarons, peipiwch ychydig o'r llenwad ar un hanner o'r cregyn gan osod yr hanner arall ar eu pennau. Rhowch y macarons yn yr oergell tan fyddwch chi'n barod i'w gweini.

1. Follow the basic macaron shell recipe on page 198, adding the 2 tablespoons of desiccated coconut to the icing sugar and ground almonds before the egg whites are mixed in. Add the yellow food paste to the egg whites once the sugar has all been added.

2. To make the filling, put the pineapple with the sugar in a saucepan along with 2 tablespoons of the pineapple juice or the rum and put on a low-medium heat until the pineapple starts to soften and caramelise. Remove from the heat and place in a food processor, along with a squeeze of lime, the coconut and the chocolate. The heat from the pineapple will be enough to melt the chocolate. Whizz in the food processor until thick and combined, then scrape into a bowl and leave to cool before putting into a piping bag.

3. To assemble the macarons, pipe a small quantity of the pineapple filling onto one half of the macaron shells, then sandwich the two halves together. Keep the macarons chilled in the fridge until ready to serve.

MACARONS MAFON, CARDAMOM
A SIOCLED GWYN
RASPBERRY, CARDAMOM AND WHITE CHOCOLATE MACARONS

AR GYFER Y CREGYN FOR THE SHELLS

Past lliw bwyd pinc		A few drops of pink food paste

LLENWAD FILLING

Siocled gwyn	**150g**	White chocolate
Hufen dwbl	**50ml**	Double cream
Pod cardamom a'r hadau wedi eu tynnu a'u malu mewn pestl	**8–10**	Cardamom pods, seeds removed and ground in a pestle
Mafon ffres	**250g**	Fresh raspberries

1. Dilynwch y rysáit ar dudalen 198 i greu macaron sylfaenol gan ychwanegu past lliw bwyd pinc i'r gwyn wy.
2. I wneud y llenwad, torrwch y siocled yn ddarnau a'u gosod mewn sosban gyda'r hufen a'r cardamom i doddi dros wres isel tan ei fod yn esmwyth ac yn sgleinio.
3. Rhowch yn yr oergell am gwpwl o oriau neu dros nos. Bydd hyn yn gwneud y ganache yn haws i'w beipio.
4. I osod y macarons, parwch y cregyn sy'n debyg o ran siâp a maint. Rhowch y ganache mewn bag peipio gyda thrwyn siâp seren iddo. Peipiwch rosedau o amgylch ymylon y macarons gan adael lle i osod y mafon rhwng pob un. Rhowch ail hanner y macarons ar eu pen. Rhowch y macarons yn yr oergell tan fyddwch chi'n barod i'w gweini.

1. Follow the basic macaron method on page 198, adding the pink food paste to the egg whites so that you have a vivid pink shell to fill.
2. For the ganache, break the chocolate up into chunks and place in a small saucepan along with the cream and ground cardamom seeds and melt over a low heat until it's smooth and glossy.
3. Place in the fridge for a couple of hours or overnight until it has set as this will make it easier to pipe.
4. To assemble the macarons, match up the shells in shape and size. Place the ganache into a piping bag fitted with a small star nozzle. Pipe small rosettes around the edge of the macaron, allowing space in between to fit a raspberry, then sandwich the two halves together. Keep the macarons chilled in the fridge until ready to serve.

MACARONS SIOCLED
CHOCOLATE MACARONS

Dyma'r macarons bach dwi'n eu defnyddio ar ben y Cacennau Mocha gyda Hufen Latte ar dudalen 70. Mae'r dull yma yn dilyn rysáit sylfaenol macarons gan ychwanegu powdwr coco i mewn yn y cregyn.

These are the mini chocolate macarons that I use to top my Mocha Cakes with Latte Buttercream on page 70. The method is the same as the basic macaron recipe, with the addition of cocoa powder into the shells.

AR GYFER Y CREGYN		FOR THE SHELLS
Siwgwr eisin	**110g**	Icing sugar
Cnau almwn mâl	**85g**	Ground almonds
Gwyn wy	**2**	Egg whites
Siwgwr mân	**50g**	Caster sugar
Powdwr coco	**8g**	Cocoa powder

LLENWAD		FILLING
Siocled tywyll, mae siocled Bournville yn berffaith	**120g**	Dark chocolate, Bournville chocolate is perfect
Hufen dwbl	**100ml**	Double cream

1. I wneud y macarons, marciwch gylchoedd 2.5cm ar 2–3 thamaid o bapur gwrthsaim a'u gosod ar hambyrddau pobi.

2. Mae'r maint uchod yn llai na'r rysáit sylfaenol, ond mae'r dull yr un peth. Yr unig wahaniaeth yw ychwanegiad y powdwr coco sy'n cael ei ychwanegu i'r siwgwr eisin a'r cnau almwn ar y cychwyn. Bydd hyn yn helpu i liwio'r cregyn a rhoi blas siocled iddyn nhw. Ar ôl cymysgu'r siwgwr eisin, y coco a'r cnau almwn, dilynwch y rysáit sylfaenol heb ychwanegu unrhyw bast bwyd. Byddan nhw angen yr un faint o amser i ffurfio'r croen, i bobi ac i oeri.

3. I wneud y ganache, torrwch y siocled yn ddarnau a'u gosod mewn sosban fach gyda'r hufen. Toddwch ar wres isel tan ei fod yn esmwyth ac yn sgleinio. Gadewch y ganache i oeri cyn ei roi mewn bag peipio. Rhowch yn yr oergell i galedu ychydig fel ei fod yn haws i'w beipio. Peidiwch â'i adael yn yr oergell yn rhy hir neu bydd yn troi'n soled.

4. I osod y macarons, parwch y cregyn sy'n debyg o ran siâp a maint a pheipiwch y ganache ar ganol hanner ohonyn nhw. Rhowch ail hanner y macarons ar eu pennau. Rhowch y macarons yn yr oergell tan fyddwch chi'n barod i addurno'r cacennau mocha.

1. To make these into mini macarons, mark out 2.5cm rounds onto 2–3 sheets of greaseproof paper and place onto baking trays.

2. The measurements above are less than what's in the basic macaron recipe, but the method is the same. The only change is the addition of the cocoa powder which you will add with the icing sugar and the ground almonds at the start. This will colour the shells and also give them a chocolate flavour. Once you have mixed the icing sugar, cocoa and ground almonds, follow the basic recipe as written without needing to add a food colour paste. They will take the same amount of time to form a skin, bake and cool.

3. To make the ganache, break the chocolate up into chunks and place in a small saucepan along with the cream. Melt over a low heat until smooth and glossy. Cool the ganache before placing into a piping bag. Pop into the fridge to firm up a little, making it easier to pipe. Don't leave the ganache in the fridge too long otherwise it will set solid.

4. To assemble the macarons, match up the shells and pipe a small quantity of the ganache onto one half of the macaron shells, then sandwich the two halves together. Keep the macarons chilled in the fridge until you're ready to decorate the mocha latte cakes.

RYSEITIAU CRWST

Mae'r bennod yma yn cynnwys yr holl wybodaeth fydd ei hangen arnoch ar gyfer creu crwst. O grwst syml i grwst dŵr poeth – fe ddewch o hyd i ryseitiau i wneud y tartenni a'r peis o fewn y llyfr. A bod yn onest dyma fy hoff grŵp o fwydydd – dwi'n caru peis a'r crwst yw'r sylfaen ar gyfer pei da...

PASTRY BASICS

This is the chapter that holds all your pastry needs. From simple shortcrust to hot water crust pastry – here you'll find the recipe to make one of my many pies or tarts from this book. If I'm honest, pies are my favourite food group and the pastry is the foundation of a good pie.

TOES EMPANADAS
EMPANADAS DOUGH

Toes crwst meddal ar gyfer y clasur Sbaenaidd, yr Empanadas. Ewch i dudalen 80 ar gyfer y llenwad. Gall hwn gael ei ddefnyddio fel crwst pei cig hefyd.

A delicious soft pastry dough for that Spanish classic, the Empanadas. Go to page 80 for the full recipe. Can be used as a savoury pastry for a meat pie too.

CYNHWYSION		INGREDIENTS
Blawd plaen	**400g**	Plain flour
Menyn oer wedi ei dorri yn sgwariau bach	**115g**	Butter, cold and cubed
Lard	**115g**	Lard, cold and cubed
Melyn wy	**1**	Egg yolk (keep the white to seal the empanadas later)
Llwy fwrdd o laeth twym	**8–10**	Tablespoons of warm milk
Llwy de o halen	**½**	Teaspoon of salt

1. I wneud y toes â llaw, rhowch y blawd a'r halen mewn powlen fawr a rhwbiwch y menyn a'r lard i mewn tan fod y gymysgedd yn edrych fel briwsion bara. Ychwanegwch y melyn wy a chymysgwch gan ddefnyddio cyllell neu fforc. Ychwanegwch y llaeth ychydig ar y tro tan fod y toes yn glynu at ei gilydd i ffurfio pelen.

2. I wneud y toes mewn prosesydd bwyd, pylsiwch y blawd a'r halen ychydig o weithiau. Nesaf, ychwanegwch y menyn a'r lard a phylsiwch y gymysgedd tan ei bod yn edrych fel briwsion bara. Ychwanegwch y melyn wy gyda digon o laeth yn araf tan fod y toes yn glynu at ei gilydd i ffurfio pelen.

3. Dodwch y toes ar fwrdd wedi ei orchuddio gyda blawd a'i dylino i ddod â phopeth at ei gilydd. Lapiwch mewn cling film a'i adael i orffwys am o leiaf 20 munud.

1. To make the dough by hand, place the flour and salt into a large bowl and rub in the butter and lard until the mixture resembles breadcrumbs. Add the egg yolk and using a fork or a knife, stir it into the mix. Spoon in the milk a little at a time until the dough starts to clump together and forms a ball.

2. To make the dough in a food processor, pulse the flour and salt a couple of times until evenly distributed. Next add in the butter and lard and pulse until the mixture resembles breadcrumbs. Add the egg yolk along with enough milk – add this gradually, until the dough clumps together and forms a ball.

3. Tip the mixture out onto a lightly floured surface and knead a little to bring the dough together, then wrap in cling film and leave to rest for at least 20 minutes.

CRWST PORC PEI
PORK PIE CRUST

Hwn o bosib yw'r crwst sawrus dwi'n ei hoffi fwyaf. Ewch i dudalen 82 ar gyfer fy rysáit Porc Pei. Gallwch chi hefyd ddefnyddio'r rysáit yma ar gyfer crwst pei cig.

Probably my favourite of all the savoury pastries. For my Pork Pie recipe, go to page 82. This pastry can also be used as a crust for a meat pie.

CYNHWYSION		INGREDIENTS
Blawd plaen	**175g**	Plain flour
Blawd bara cryf	**55g**	Strong bread flour
Lard	**50g**	Lard
Llwy fwrdd o laeth	**3**	Tablespoons of milk
Dŵr	**150ml**	Water
Llwy de o halen	**1**	Teaspoon salt

1. Mewn sosban, twymwch y dŵr, y llaeth a'r lard ar wres isel tan fod pob dim wedi toddi; peidiwch â gadael i'r hylif ferwi. Hidlwch y blawd plaen a'r blawd bara cryf mewn powlen ac ychwanegwch halen. Arllwyswch yr hylif i'r bowlen, a gan ddefnyddio llwy bren, cymysgwch tan fod y toes yn dod at ei gilydd.
2. Dodwch y toes ar fwrdd a'i dylino ychydig cyn ei orchuddio mewn cling film a'i roi i'r naill ochr i oeri ychydig. Mae angen i'r toes fod yn dwym i'w weithio.

1. In a saucepan heat the water, milk and lard on a low heat until all the ingredients have melted; do not let the liquid boil. Meanwhile, sift the flour into a large bowl and add the salt. Pour the liquid into the bowl and using a wooden spoon, mix until the dough comes together.
2. Tip the dough out onto the work surface and knead it a little before wrapping in cling film and putting to one side to cool a little. The dough still needs to be warm to work with it.

CRWST PEI PWMPEN

PUMPKIN PIE PASTRY

Dyma rysáit hynod syml ar gyfer crwst da i ddal eich llenwad pei pwmpen blasus. Dyw e ddim yn cymryd llawer o amser i'w wneud ac mae'n bendant yn werth yr ymdrech.

This pastry recipe is as basic as they get as essentially you're making a good crust in order to contain the delicious spiced pumpkin filling inside. This will take you no time to make and is definitely worth the effort.

CYNHWYSION		INGREDIENTS
Blawd plaen	**200g**	Plain flour
Llwy de o halen	½	Teaspoon of salt
Menyn heb ei halltu	**115g**	Unsalted butter, cold and cubed
Llwy fwrdd o ddŵr oer	**4–5**	Tablespoons of cold water

1. Rhowch y blawd, yr halen a'r menyn mewn prosesydd bwyd a'i falu tan ei fod yn edrych fel briwsion bara.
2. Ychwanegwch ddŵr yn raddol tan fod y toes yn glynu gyda'i gilydd.
3. Diffoddwch y prosesydd a dodwch y toes ar fwrdd wedi ei orchuddio gydag ychydig o flawd. Tylinwch y toes tan ei fod yn esmwyth.
4. Rhowch fwy o flawd ar y bwrdd a rholiwch y crwst i faint eich plât pei tua 8–9 modfedd.
5. Irwch eich plât pei a gosodwch y crwst ynddo, gan wneud yn siŵr ei fod yn ffitio yn iawn. Torrwch unrhyw grwst oddi ar yr ochrau, gan adael tua 1.5cm drosodd. Plygwch hwn o dan y cyfan, gan ddefnyddio eich bysedd i 'grimpio'.
6. Rhowch yn yr oergell i oeri tra byddwch chi'n gwneud y llenwad.

1. Place the flour, salt and butter into a food processor and pulse a couple of times until it resembles breadcrumbs.
2. Add water gradually until the dough starts to clump together.
3. Turn the machine off and tip the dough out onto a lightly floured surface; knead a little until smooth.
4. Dust the work surface again and roll out the pastry to the size of your pie plate, around 8–9 inches.
5. Grease your pie plate and place the pastry into the plate, making sure it fits snugly. Trim some of the pastry from the edge, leaving an overhang of around 1.5cm. Tuck the overhang pastry underneath itself and then, using your fingers, crimp the edge all the way around.
6. Pop into the fridge to chill and rest whilst you make the filling.

CRWST BRAU MELYS
SWEET SHORTCRUST PASTRY

Crwst melys gwych dwi'n ei ddefnyddio ar gyfer fy Nhartenni Ffrwythau Ffres – mae'r rysáit llawn ar dudalen 186. Dwi hefyd yn ei ddefnyddio ar gyfer y Darten Frangipane Llus ar dudalen 190. Gallwch ei ddefnyddio fel gwaelod neu gaead unrhyw bei yn ogystal. Dwi fel arfer yn gwneud dwbl y maint a'i rewi fel y gallaf wneud pei ar fyr rybudd os oes angen.

A great sweet pastry that I use for my Fresh Fruit Tarts – the full recipe is on page 186. I also use it for my Blueberry Frangipane Tart on page 190. Can be used as a top and bottom crust for any fruit pie too. I usually make double and freeze half so that I can make a pie at short notice if needed, or one batch of fruit tarts and one frangipane tart too.

CYNHWYSION / INGREDIENTS

Cynhwysion		Ingredients
Blawd plaen	250g	Plain flour
Llwy de o halen	1	Teaspoon salt
Menyn heb ei halltu	140g	Unsalted butter, cold and cubed, plus extra for greasing
Wy wedi ei guro	1	Egg, beaten
Llwy fwrdd o ddŵr oer	2–3	Tablespoons of cold water
Siwgwr eisin	50g	Icing sugar

1. I wneud y crwst, rhowch y blawd, yr halen, y siwgwr eisin a'r menyn oer mewn prosesydd bwyd tan fod y gymysgedd yn edrych fel briwsion bara.
2. Ychwanegwch yr wy, yna'r dŵr oer, tan fod pelen o does wedi ei ffurfio.
3. Dodwch y toes ar fwrdd gydag ychydig o flawd arno a'i dylino i ddod â'r toes at ei gilydd.
4. Irwch dun hirsgwar 14"/36cm o hyd a'i roi i'r naill ochr.
5. Ar fwrdd wedi ei orchuddio gydag ychydig o flawd, rholiwch y toes i drwch darn £1 a leinio'r tun yn ofalus.
6. Gwasgwch y crwst yn ofalus i gorneli'r tun. Gallwch ddefnyddio tamaid o does i helpu os oes gennych chi ewinedd hir.
7. Torrwch yr ymylon yn daclus a'i roi yn yr oergell i oeri am o leiaf 30 munud tra eich bod chi'n paratoi'r Frangipane.

1. To make the pastry, place the flour, salt, icing sugar and cold butter in a food processor and pulse until the mixture resembles breadcrumbs.
2. Add the egg then cold water a little at a time until a ball of dough is formed.
3. Tip the dough out onto a lightly floured surface to knead a little to bring the dough together.
4. Grease a rectangular tin, around 14"/36cm in length, and put to one side until needed.
5. On a lightly floured surface, roll out the dough to the thickness of a £1 coin and carefully line the tin.
6. Gently ease the pastry into the corners of the tin; you can use a piece of dough to help with this if you have long nails.
7. Trim the edges of the pastry, then place in the fridge to chill for at least 30 minutes whilst you make the Frangipane.

CRWST TURMERIC
TURMERIC PASTRY

Dyma'r crwst ar gyfer rysáit y Tartenni Morocaidd. Mae'r dull isod yn dangos i chi sut i wneud a phobi'r crwst yn barod i'w lenwi gyda'r llysiau wedi eu rhostio sydd ar dudalen 88.

Here you'll find the pastry recipe for my flavoursome Moroccan Tarts. The method below shows you how to make and blind bake the pastry ready to be filled with the roasted vegetables on page 88.

CYNHWYSION / INGREDIENTS

Cymraeg		English
Blawd plaen	250g	Plain flour
Pinsied da o halen		A good pinch of salt
Menyn heb ei halltu	130g	Unsalted butter, cold and cubed
Llwy de o turmeric	2	Teaspoons of ground turmeric
Llwy de o bupur du	½	Teaspoon of ground black pepper
Llwy fwrdd o ddŵr oer	4–5	Tablespoons of cold water

1. Gosodwch y blawd, y turmeric, y pupur, yr halen a'r menyn mewn prosesydd bwyd a'u cymysgu tan ei fod yn edrych fel briwsion bara. Ychwanegwch y dŵr tan fod y toes yn ffurfio pelen. Crafwch y toes mas a'i roi ar fwrdd wedi ei orchuddio gyda blawd. Ffurfiwch belen o'r toes a'i orchuddio mewn cling ffilm i'w roi yn yr oergell am tua 30 munud.

2. Rholiwch y crwst ar fwrdd wedi ei orchuddio gyda blawd i drwch o 3mm. Irwch eich tuniau tartenni a leiniwch gyda'r crwst. Gwnewch yn siŵr bod y crwst yn ffitio'r tuniau yn daclus a bod ychydig yn weddill yn hongian dros dop y tun. Rholiwch belen o bapur gwrthsaim i leinio'r tuniau a defnyddiwch gymysgedd o reis a chorbys i bwyso'r papur a'r crwst i lawr.

3. Pobwch y casys yn 'ddall' yn y ffwrn am 20 munud. Tynnwch y papur a'r corbys a'u pobi am 5–10 munud arall tan eu bod yn euraidd.

4. Tynnwch nhw mas a'u gadael i oeri.

1. Place the flour, turmeric, pepper, salt and butter into a food processor and pulse until it resembles rough breadcrumbs. Add the water with the motor running until the dough clumps together into a ball. Scrape the dough out onto a lightly floured work surface, gently form the dough into a smooth ball and wrap in cling film to rest in the fridge for around 30 minutes.

2. Roll out the pastry on a lightly floured surface until it's 3mm thick. Grease your tart tins, then carefully line the tins with the pastry, making sure the pastry fits neatly into the tins and that you have a slight overhang of pastry. Scrunch up some greaseproof paper and line the pastry cases with it, using a mixture of rice and lentils as 'baking beans' to weigh the paper and pastry down.

3. Bake the cases blind in the oven for around 20 minutes, then carefully remove the paper and lentils and bake for a further 5–10 minutes until golden.

4. Remove and cool.

DIOLCH

Ni fyddai'r llyfr yma yn bodoli heb gymorth, cefnogaeth ac amynedd nifer o bobl. Hoffwn ddiolch yn fawr iawn i bawb sydd wedi cyfrannu tuag at y rhaglenni teledu – y lleoliadau, y tai bwyta a phawb sy'n gweithio ynddyn nhw, y cynhyrchwyr bwyd sydd wedi rhannu eu cariad, eu busnesau a'u bywydau a'r holl westeion sydd wedi ymuno gyda fi yn y gegin. Ac wrth gwrs, diolch i'r gynulleidfa ddaeth i rannu noson o hwyl ac i fwynhau'r bwyd, sy'n helpu i ddod â'r rhaglenni yn fyw.

Diolch yn fawr i'r criw sydd wedi bod yn rhan o *Becws* a *Parti Bwyd Beca* o'r diwrnod cyntaf. Rhys, Ems, Aled Jenkins, Aled Davies, Lowri, Alaw, Nia, Nerys, Lois, Huw, Siôn Bayley, Gethin Wyn, Gethin Roberts, Siwan, James, Giz, Steve Kingston, Stephen Hart, Gafyn, Helen, Cadi-Mai, Mari Huws… Pawb!

Dwi wastad yn mwynhau gweld eich wynebau chi wrth ffilmio a dwi'n gwybod eich bod chi'n caru'r holl fwydydd dwi'n eu coginio. Diolch anferthol i Juliet am wneud i fi edrych a theimlo yn ffab ar gamera, yn ogystal ag Elin, Catherine, Charlotte a Lisa – chi i gyd yn wych! Diolch yn fawr i Mari Mererid am ein helpu dros y ddwy gyfres gyntaf i wisgo'r set, i gasglu'r llestri hyfryd i gyflwyno'r bwyd ac i sicrhau fod y diwrnod ffilmio yn rhedeg yn esmwyth! 'Dan ni'n dy golli di!

Diolch arbennig iawn i Neus sydd wedi bod yn cyfarwyddo'r rhaglenni ers y cychwyn. Fe wnaethon ni ddod 'mlaen yn dda gyda'n gilydd o'r dechrau'n deg ac ry'n ni'n deall ein gilydd i'r dim wrth drafod pa syniadau a ryseitiau i'w cynnwys. Ti'n gwneud i fi deimlo'n gyffyrddus wrth gyflwyno, er, dwi'n gwybod y byddet ti'n hoffi i mi goginio gyda chaws yn amlach! Diolch i ti am dy holl gymorth ac arweiniad wrth greu'r llyfr 'ma – fyddai'r holl beth ddim wedi digwydd oni bai amdanat ti.

THANK YOU

This book wouldn't exist without the help, support, encouragement and patience of several people. I'd like to start by saying a very big thank you to everyone who has contributed to the shows – the locations, cafés and restaurants and all who work in them, all the food producers who have passionately shared their love, business, life and food, all the guests who have happily joined me in the kitchen and judged many a cake made by audience members. And of course, thank you to the audience who happily come along to an evening of food and fun and help make the shows come alive. Thank you all.

A huge thank you to the crew who have been part of the *Becws* and *Parti Bwyd Beca* family from day one. Rhys, Ems, Aled Jenkins, Aled Davies, Lowri, Alaw, Nia, Nerys, Lois, Huw, Siôn Bayley, Gethin Wyn, Gethin Roberts, Siwan, James, Giz, Steve Kingston, Stephen Hart, Gafyn, Helen, Cadi-Mai, Mari Huws… Everyone!

I always enjoy seeing your faces when we're filming and I know you all enjoy being fed the tasters that I make. A very big thank you to Juliet for making me look and feel fabulous on camera as well as Elin, Catherine, Charlotte and Lisa – you're all lovely! Thanks go to Mari Mererid who helped me during the first two series behind the scenes from dressing the set, gathering kit and beautiful plates, bowls and cutlery to presenting and ordering food and preparing everything so that we would have a smooth and very organised day of filming. We miss you!

A special thank you to Neus, who has been the director on the shows from the start. We instantly hit it off and we're always on the same page when it comes to ideas and recipies. You make me feel at ease when filming and presenting, although I know you'd like me to cook with cheese more often! Thank you also for all your help and guidance on creating this book – it definitely wouldn't have happened without you.

Diolch arbennig arall i Fiona, sydd nid yn unig yn helpu gyda'r cynnwys digidol, o'r wefan i'r gwaith cyfryngau cymdeithasol, ond mae hi wedi bod yn rhan hanfodol o gael popeth at ei gilydd ar gyfer y llyfr 'ma trwy weithio nifer o nosweithiau hwyr gyda fi i gwblhau pethau mewn pryd. Diolch hefyd i Iestyn am ddylunio'r llyfr, mae'n berffaith. Diolch i fy ffrind Hannah Miles am dynnu'r lluniau ar gyfer y clawr. Dydw i ddim yn hoff o gael tynnu fy llun, ond fe gawsom ni hwyl yn ystod ein sesiwn, a ti wedi fy mhortreadu yn dda yn y lluniau – dwi'n eu caru nhw!

Diolch yn fawr iawn i Neville ac i Cwmni Da sy'n cynhyrchu'r rhaglenni yn ogystal â helpu i gynhyrchu'r llyfr. Diolch am gredu ynddo i ac am eich cymorth – dwi'n caru gweithio gyda chi i gyd.

Diolch i Meirion Davies ac i Mari Emlyn yn Gomer am fod eisiau gweithio gyda ni i gynhyrchu a chyhoeddi'r llyfr.

Diolch yn fawr i S4C am eich cymorth a'ch brwdfrydedd parhaus dros y rhaglenni, yn enwedig i Gaynor am gomisiynu *Becws* ac i Elen am ei chefnogaeth, ei syniadau a'i holl egni.

Yn olaf, diolch i fy nheulu anhygoel ac amyneddgar. Diolch i fy ngŵr a'r merched am ddelio gyda'r holl wallgofrwydd. Dwi'n eu colli nhw'n fawr iawn wrth weithio bant, ond maen nhw hefyd yn gwneud i fi fod eisiau gwneud y gorau y gallaf – felly diolch, dwi'n eich caru chi! Diolch i fy ffrindiau sy'n fy nghefnogi ym mhopeth dwi'n ei wneud, o ffilmio i fwyta i fynd i ddigwyddiadau a rhannu syniadau.

Diolch i fy mrawd Gareth am rannu rhai o'i ryseitiau ac am fod yn hynod o gefnogol. Does gan neb frawd mawr cystal â fi! Diolch i Nan am fod eisiau rhannu ei ryseitiau a'i sgiliau gyda fi a gadael i fi ei helpu ym mhopeth mae hi'n ei wneud. Dwi'n eich caru chi gymaint ac yn teimlo mor lwcus eich bod chi'n rhan o'r rhaglenni a'r llyfr 'ma. Diolch i Mam-gu am bopeth chi wedi ei rannu gyda fi – dwi'n meddwl amdanoch chi'n aml ym mhob dim dwi'n ei wneud. Byddwn i wedi bod wrth fy modd yn eich cael chi yma i fod yn rhan o'r holl beth. Dwi'n eich caru ac yn eich colli chi'n fawr iawn.

Another special thank you to Fiona who not only helps me with all things digital from the website to social media activity, but she has also been integral in getting this book together by working late nights along with me in order for us to meet deadlines. Thank you also to Iestyn for designing the book and the style, which is perfect. Thank you to my friend Hannah Miles for taking the cover photos – I'm not a fan of having photos taken – but we had a laugh when we did the session and you've captured the essence of me in the photos – I love them!

A big thank you to Neville and Cwmni Da who produce the shows as well as helping to produce this book. Thank you for believing in me and for all your support – I love working with you all.

Thank you to Meirion Davies and Mari Emlyn at Gomer for wanting to work with us in producing and publishing the book.

Thank you to S4C for your continued support and enthusiasm for the shows, especially to Gaynor for commissioning *Becws* at the start and to Elen for your continued support, ideas and energy.

Finally, thank you to my amazing, supportive and patient family. Thank you to my husband and girls for taking all of this craziness in their stride; I miss them dearly when I'm away but they also make me want to be the best that I can – so thank you and I love you. Thank you to my friends who support me in all that I do, from filming to eating to attending events and sharing ideas.

Thank you to my brother Gareth for sharing some of his recipes with me and for also being supportive. As big brothers go, you're the best. Thank you to Nan for wanting to share your recipes and skills with me and letting me help you in all that you do. I love you very much and feel so lucky that you are part of the shows and this book. Thank you also to Mam-gu for all that you shared with me too – I think of you often in all that I do and wish that you could have been here to be part of it in person. I love and miss you dearly.

Diolch i Anti Heulwen sydd wedi fy ysbrydoli ac wedi bod yn gefnogol iawn ym mhopeth dwi wedi ei wneud. Diolch mawr i fy nheulu yn America am yr holl gariad a'r ryseitiau – fe fyddwn i'n dwlu tasen ni'n byw yn agosach, ond mae'r pellter yn gwneud ein hamser gyda'n gilydd yn fwy arbennig fyth. Diolch arbennig i Anti Irene sy'n aml yn fy meddwl tra dwi'n coginio – diolch am rannu'ch ryseitiau a fy ysbrydoli.

Yn olaf – Mam a Dad. Ble mae cychwyn? Dyw 'diolch' ddim yn ddigon i gyfleu'r holl bethau chi wedi'u gwneud ac yn parhau i'w gwneud i fi. Chi yw'r rhai sydd wedi rhoi'r hyder ynof i ddilyn y gwallgofrwydd 'ma o'r cychwyn a heb eich cymorth a'ch arweiniad parhaus, does gen i ddim syniad beth fyddwn i'n ei wneud nawr. Diolch am warchod y merched tra dwi'n brysio o gwmpas ar gyfer diwrnod o ffilmio neu waith – maen nhw'n eich caru chi'n fawr iawn. Fyddwn i byth yn gallu gwneud hyn i gyd heb eich parodrwydd i'w gwarchod nhw. Diolch am fy ysbrydoli nid yn unig yn y gegin ond am ddangos i fi beth yw gwaith caled – dyw e ddim yn hawdd. Chi wedi dangos sut i fod yn rhieni cefnogol yn ogystal â rhai sy'n gweithio'n llawn amser. Diolch, dwi'n eich caru chi'n fawr iawn.

Thank you to Aunty Heulwen who has also inspired me and been a huge support in everything that I've done. A huge thank you to the American family for all the love and recipes – I wish we lived closer together, but the distance makes our time together even more special. A special thank you to Aunty Irene who is often in my thoughts as I cook – thank you for sharing with me your recipes and for inspiring me.

Finally – Mam and Dad. Where do I begin? Thank you doesn't quite sum up what you both have done for me and continue to do for me. You're the ones that instilled the confidence in me to pursue this craziness to start with and without your continued support and guidance, I don't know where I'd be. Thank you for having the girls as I rush off for random filming days and work – they love you both very much and I couldn't do any of this without your willingness to look after them. Thank you for inspiring me not only in the kitchen but also for showing me what hard work looks like – it doesn't come easy, but both of you have been the best role models of how to be fantastic supportive parents as well as working full time. Thank you and I love you both very much.